一目おかれる言葉選び

大人の語彙力

一校舎語彙力向上研究会

永岡書店

はじめに

友人との会話で大人ぶって使った慣用句が間違っていた。SNSやネットのコメント欄でいいことを書いたつもりが、言葉の使い方や漢字の間違いを指摘されて恥ずかしい思いをした……。そんな経験はありませんか？

本書は大人としてきちんと覚えておきたい言葉を、ジャンルごとに分けてまとめました。また、最近よく言われている敬語の誤りについても、よくあるシーン別にわかりやすく載せています。

どれも◯×形式になっていますので、やってしまいがちな間違いを確認しながら語彙力を身につけることができます。

あなたが「あの人の言葉選びは大人だね！」と言われるような大人の語彙力の持ち主になれるよう、本書がその一助になれば幸いです。

一校舎語彙力向上会

一目おかれる言葉選び
大人の語彙力
目次

第2章 あわせて覚えておきたい大人の語彙

第3章 スマートに使いこなしたい大人の語彙

意味や使い方に注意するもの

漢字の書き間違いに注意するもの

漢字の読み間違いに注意するもの

第1章

すぐに使えて役に立つ

コミュニケーション編

友人や同僚との
会話の中で、
恥ずかしい思いを
したことは
ありませんか？

正しい慣用句が言えますか？

相手の言葉に合いの手を□

× 打つ

○ 入れる

「合いの手」は「間の手」とも書き、会話の間などにはさむ言葉や動作を表す。「合いの手」は「入れる」「はさむ」ものであって、「打つ」ものではない。「打つ」とするなら「あいづち」だろう。

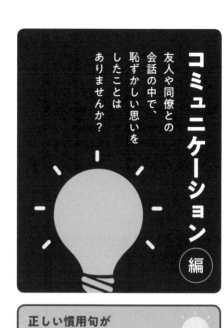

下手《へた》□考え休むに似たり

× な　○ の

「（将棋などで）下手な人がいくら考えても、何もしないで休んでいるのと同じことだ」という意味のことわざ。

この場合の「下手」とは、「下手の横好き」と同様に、「下手な人」の意味である。したがって「下手な考え」とするのは誤り。

怒り心頭《しんとう》に□、大声でどなりつけた

× 達して　○ 発して

激しい怒りを抑えきれなくなることをいう慣用句。「心頭」とは「胸の内」「心の中」といった意味を表す。

怒りとは、どこかに「達する」ものではなく、心の中から「発する」ものということだろう。

上司は部下の不祥事に、□ような顔をした

✕ 苦虫をかんだ

〇 苦虫をかみ潰《つぶ》した

非常に不愉快そうな顔を、「苦虫をかみ潰したような顔」などという。「苦虫」とは、かんだら苦いだろうと思われる虫のこと。

「苦虫をかんだような」「苦虫を潰したような」などと勝手に縮めてしまうのは、本来の言い方ではないので注意。

景気が上向きになり、将来を見越して□をする会社があとを絶たない

✕ 青田刈り

〇 青田買い

「青田買い」とは、収穫を見越して十分に実っていない稲を買い取ること。転じて、卒業前の優秀な学生と早々に内定契約を結ぶことをいう。一方「青田刈り」は十分に実らない稲を刈り取ってしまう意味のため、若い人材を駄目にしてしまうという異なった意味にもなりかねない。

論争の火蓋《ひぶた》を□

✕ 落とす

◯ 切る

「火蓋」とは、火縄銃《ひなわじゅう》の火皿を覆う蓋のこと。「火蓋を切る」で、「戦いなどが始まる」の意。

他人の陰口を□

✕ 打つ

◯ たたく

「陰口」は「たたく」または「きく」とするのが普通である。

事件が明るみに□

✕ なる

◯ 出る

「明るみ」とは「明るい所」の意。したがって「明るみに出る」が正しい。

手塩□かけて育てる

✕ を

◯ に

「手塩にかけて」とは、一対一で熱心に育てるさまをいう。「手塩をかけて」とはいわない。

□をそばだてる

× 目

○ 耳

「そばだてる」は「高く立てる」の意味。よって「目をそばだてる」とはいわない。

その事件は物議を□

× 呼んだ

○ 醸《かも》した

「物議を醸す」で用いるのが普通。「論議を呼ぶ」とはいうが、「物議を呼ぶ」とはいわない。

難解な問いに□をかしげる

× 頭

○ 首

不思議がることを「首をかしげる」という。「頭をかしげる」は一般的ではない。

退屈な日常に嫌気が□

× する

○ 差す

「嫌気が差す」が正しい。「嫌気がする」とはあまりいわない。

毎日□ような暑さだ

× ゆだる

○ うだる

「ゆだる」も「うだる」も「茹《ゆ》で上がる」の意味を表すが、「ゆだるような暑さ」とはいわない。

□三寸で人を丸め込む

× 口先

○ 舌先

「口先」は「上辺だけの言い草」の意味を表すが、「口先三寸」とはいわない。

若手に白羽の矢が□

× 当たる

○ 立つ

「白羽の矢が立つ」で、「大勢の中から（犠牲として）特に選ばれる」の意味。

権力に□

× あがらう

○ あらがう

「あらがう」で「逆らう」の意味。「あがらう」という言葉はない。

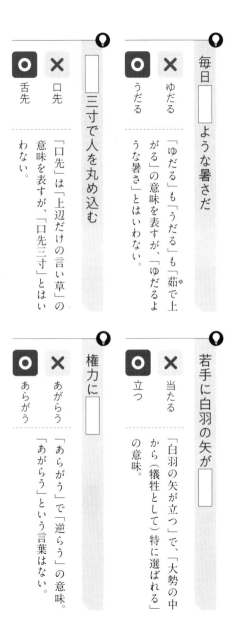

交際を申し込んだが、とりつく□もなく断られた

✕ 暇

◯ 島

「とりつく島もない」とは、「どこにすがりついていいのか、手がかりすら見つからない」の意。「島」には「頼りになるもの」「よすが」の意味がある。

□の望みを託す

✕ 一抹《いちまつ》

◯ 一縷《いちる》

「一縷」も「一抹」も「ほんのわずかな」という意味の言葉。ただし「一縷」は「望み」、「一抹」は「不安」の場合に使うのが普通である。「一抹の望み」「一縷の不安」とはいわない。

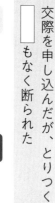

さすがに酸《す》いも甘いも□人
だけあって、話す言葉にも重みがある

✕ 嗅《か》ぎ分けた　◯ かみ分けた

「粋《すい》」とは人情の機微に通じていること。「粋」を「酸い」にかけて、経験が豊かで、世事《せじ》や人間関係の機微について分別があることを、「酸いも甘いもかみ分ける」という。

風邪をひいて、一日中熱に□

✕ うなされていた　◯ うかされていた

「うかされる」は「高熱で意識が朦朧《もうろう》とする」の意味。一方「うなされる」は恐ろしい夢を見て苦しそうな声を出すこと。うなされてうわごとを言うことはあるだろうが、「熱」とペアで使うのは適切ではない。

出る□は打たれる

× 釘《くぎ》

○ 杭《くい》

辞書によっては「出る釘」を併記している場合もあるが、本来は「出る杭」が正しい。

新プロジェクトに心血を□

× 傾ける

○ 注ぐ

「全身全霊を傾ける」とはいうが、「心血を傾ける」とはいわない。「心血」は「注ぐ」が正しい。

眉を□

× しかめる

○ ひそめる

「眉をひそめる」が正しい。「しかめる」のは「顔」である。

会社再建に腕を□

× 上げる

○ 鳴らす

「腕を鳴らす」は腕前を発揮して名声を博すること。「腕を上げる」は技術が上達すること。

恨み骨髄《こつずい》に□思いだ

× 達する

○ 徹する

骨髄までしみ通るほど恨みが深いこと。「徹する」が正しい。

暇つぶしに碁を□

× 指す

○ 打つ

碁は「打つ」もの。「指す」のは将棋のほうである。

敗戦の苦汁《くじゅう》を□

× 味わう

○ なめる

「苦汁をなめる」が正解。ただし「苦汁」ではなく「苦渋」ならば「味わう」で正しい。

皆に□を振りまく

× 愛想

○ 愛嬌《あいきょう》

「愛想がいい」とはいうが「愛想を振りまく」とはいわない。

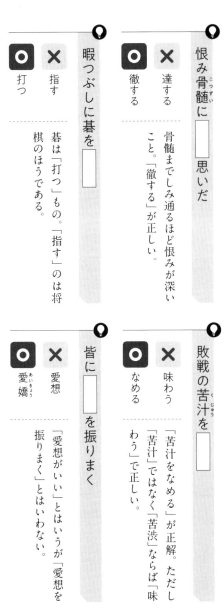

彼は□大投手だ

× 押しも押されぬ

○ 押しも押されもせぬ

「押しも押されもせぬ」は、誰からも実力を認められ、ゆるぎない地位を占めていること。これが同じ意味の「押すに押されぬ」と混同され、「押しも押されぬ」という妙な言い方が広まったが、誤りである。

今回の不祥事は□におさめておこう

× 胸先《むなさき》三寸

○ 胸三寸

心の中におさめておいて他言しないことを「胸三寸におさめる」という。「胸三寸」とは、「胸の中」の意味。最近は「胸先三寸におさめる」というケースが目立つが、「胸先」とは「みぞおち」のことなのでおかしい。

その意見は［　　］いる

× 的を得て

○ 的を射《い》て

「的を射る」は文字どおり「弓矢で的を射る」の意味で、「要点を的確につく」という意味で使われる。「当《とう》を得る」と混同されて「当を射る」あるいは「的を得る」などと誤用されることが多いようだ。

どちらが正しいか、［　　］べきだ

△ 白黒をつける

○ 黒白《こくびゃく》を争う

最近では「白黒をつける」という言い方のほうが一般的だが、「黒白を争う」が本来の言い方。「黒白」は「善悪」「正邪」など、違いの明らかなものを表す。ほかに「黒白を弁ぜず（＝物事の是非の判断がつかない）」などの言葉がある。

ギリギリのところで解決できるなんて、まさに窮《きゅう》すれば□だね

× 鈍す

○ 通ず

「窮すれば通ず」は、「どうしようもない状態に追い込まれると、かえって活路が見出される」の意味。「貧すれば鈍す」は「貧乏をすると、品性が卑しくなる」の意味。言葉の響きが似ているため混同しやすい。

儲《もう》け話に食指を□

× 伸ばす

○ 動かす

昔、鄭《てい》の公子宋《そう》が、自分の人差し指（食指）が動くのを見て、ご馳走にありつける前兆だと思ったとの故事から、野心を起こすことを「食指が動く」という。「食指を伸ばす」とする誤りは、「触手を伸ばす」との混同からだろう。

ワインについての蘊蓄《うんちく》を［　　］

× たれる

○ 傾ける

「蘊蓄」とは「積み蓄えたもの」の意味。学問・技芸における深い知識を指す。博識ぶった人に対する嫌味を込めているのか、「蘊蓄をたれる」などと表現されることも多いが、「傾ける」が正しい。

彼はいつも［　　］ようなことをして人を困らせる

× 横車を入れる

○ 横車を押す

「横車を押す」とは「横に車を押す」という意味で、道理に合わないことを無理に押し通すことをいう。「横車を入れる」などと言う人があとを絶たないが、これは「邪魔をする」の意味の「横槍を入れる」との混同だろう。

この三年、□の状態で過ごしている

△ 鳴かず飛ばず

◎ 飛ばず鳴かず

本来は「飛ばず鳴かず」が正しい。『史記』の「三年蜚《と》ばず鳴かず」に由来し、将来に備えて何もせずに機会を待つことを指す。今日では「鳴かず飛ばず」のほうがよく使われている。

計画が頓挫《とんざ》し、□状態になってしまった

✕ 後へも先へも引けぬ

◎ 後へも先へも行かぬ

「後ろへも前へも行けない状態」という意味で、進退窮まった状態を表す。「後へも先へも引けぬ」とする誤りが多いのは、「後に引けぬ」との混同が原因であろう。

その役者は□の名演技を披露してくれるだろう

✕ 極めつけ

◎ 極めつき

「極めつき」とは本来、「極書《きわめがき》がついている」という意味。「極書」とは「鑑定書」のことで、「定評がある」の意味で使われる。近頃は「極めつけ」という言い方も流布しているが、正しい言い方とは言い難い。

大会に向けて□練習に励む

✕ 寸暇を惜しまず

◎ 寸暇を惜しんで

「寸暇」は「わずかの暇」の意味。「寸暇を惜しんで」は、わずかの時間をも惜しんで何かに没頭することをいう。似た言葉に「骨身を惜しまず」（＝苦労をいとわず）があるため「寸暇を惜しまず」「骨身を惜しんで」などとする誤用が目立つ。

眉唾物《まゆつば》

× 一生に一度会えるかどうかの貴重な眉唾物だ。

○ この光る塊《かたまり》がダイヤモンドだなんて眉唾物だ。

眉に唾をつければ、狐狸《こり》に騙《だま》されないという俗言から、欺《あざむ》かれないように眉に唾をつけて用心しなければならない、いかがわしいものの意味。

花も恥じらう

× 十七歳といえば花も恥じらう年頃だなあ。

○ 花も恥じらう乙女たちが街にあふれている。

「花も恥じらう」は、花も引け目を感じて恥ずかしがるほどの若い女性の美しさをいう語。花が引け目を感じるのは女性に対してであって、年齢に対してではない。

世間ずれ

✕ 過保護に育てられてきたせいか、世間ずれした若者が増えている。

◎ 世間ずれしていないお坊ちゃんを騙《だま》すのはたやすいことだ。

「世間ずれ」は「世間擦れ」と書き、世間に揉《も》まれてずる賢さを身につけること。逆に「世間ずれしていない」は「世間の苦労を知らない」ことである。「世間とズレている」という意味に解釈してしまうと意味が正反対になってしまう。

ひそみにならう

✕ 御社もわが社のひそみにならって社内禁煙をされてはいかがでしょう。

◎ 私も世間のひそみにならってSNSなるものを始めました。

昔、越《えつ》の西施《せいし》という美女が胸を病んで眉をひそめたところ、ほかの女たちもこぞって真似をし出したという故事に由来する。無批判に人の真似をするという謙遜《けんそん》の言葉で、他人の行為に対してこの言葉を使うのは失礼にあたる。

にべもない

× 講演会はにべもなく盛況を収め、胸をなでおろした。

○ パーティに彼女も誘ったが、にべもなく断られた。

「にべ」は、魚の浮袋から作る膠《にかわ》のことで、粘着力が強い。「にべもない」は親密感、愛嬌《あいきょう》がないことをいい、無愛想で、思いやりのない様子をいう。類語に「とりつく島もない」がある。

他山の石

× あなたの立派な行いを他山の石としたい。

○ 彼の失敗を他山の石として励みたい。

「他山の石とする」は、よその山でとれた粗悪な石でも、自分の宝石を磨く役には立つことから、他人のどんな言行も自分の知徳を磨くのに生かせる、ということ。自分より劣った者の言行について用い、手本にするといった意味はない。

紅顔

×　紅顔の美少女。

〇　紅顔の美少年。

「紅顔」は「美少年」とセットで使われることが多い。

足を洗う

×　今の会社から足を洗う。

〇　悪いグループから足を洗う。

「足を洗う」は普通、悪事から抜けることをいう。

敵ではない

×　プロはアマチュアの敵ではない。

〇　アマチュアはプロの敵ではない。

「敵ではない」は「相手にならない」の意。

珠玉

×　珠玉の大作を遺す。

〇　珠玉の短編を遺す。

「珠玉」は、小さくても価値の高いもののたとえとして使われる語。

しめやか

× しめやかに婚礼の儀が行われる。

○ しめやかに葬儀が行われる。

「しめやか」は、気分が沈んで悲しげなさま。

いい薬になる

× 白星がいい薬になって復調する。

○ 今回の失敗がいい薬になる。

よくない出来事が後に生かされ、役に立つ場合に使う慣用句。

烙印《らくいん》を押される

× 一流品の烙印を押された壺《つぼ》。

○ 悪党としての烙印を押される。

「烙印」は、罪人の額などに押した焼印のこと。よい意味では使われない。

ジンクス

× 縁起を担いでジンクスを守る。

○ 二年目は不振とのジンクスを破る。

「ジンクス」は縁起が悪いことを表す言葉なので「守る」のはおかしい。

本来の意味を知っていますか？

斜に構える

△ 皮肉な態度をとる

○ 改まった態度をとる

今ではもっぱら「皮肉な態度をとる」という意味で使われ、誤りとまではいかないが、本来は剣道で剣先を斜めに構えることから、「改まった態度をとる」の意味で使われた。

触《さわ》り

× 話などの最初の部分

○ 話などの中心部分。名場面

「触り」を「最初の部分」と誤解している人が目立つ。「触り」とは、元来、義太夫節の最も聞かせ所とされている部分を指した言葉。転じて、「話などの最も印象的な部分」を意味する。

檄《げき》を飛ばす

× 激励する

○ 決起を促す

「檄」とは本来、人々に同意を求めて、行動を促す文書のこと。「檄を飛ばす」とは「決起を促す」という意味である。もっとも最近では「叱咤《しった》激励する」の意として使う誤用がすっかり定着してしまったようだ。

暮れなずむ

× 暮れかかっている

○ なかなか暮れずにいる

海援隊の歌『贈る言葉』ですっかり有名になった言葉だが、意味を正確に把握している人は意外に少ない。「なずむ」とは「滞《とどこお》る」の意。つまり「暮れなずむ」は「なかなか暮れずにいる」の意味である。

あられもない

× 恥ずかしい

○ あってはならない

「あられ」とは、動詞「あり」に可能の助動詞「れる」のついたもので「あられもない」は、「ありえない」「あってはならない」という意味。「あられもない姿をさらす」など、性的な意味合いで使われるため意味を取り違えている人も多い。

酒池肉林《しゅちにくりん》

× 多くの酒と女性

○ 多くの酒と料理

「肉林」を、女性の体のことだと誤解している人が多いようだが、「肉林」にそんな意味はない。「酒池肉林」とは「多くの酒と料理をそろえた宴」の意味。ここでいう「肉」とはご馳走としての肉のことである。

憮然《ぶぜん》

✕ 腹を立てるさま

○ 失望するさま

「憮」は「失意」を表す。「憮然」を「腹を立てるさま」ととらえるのは誤り。

後生《こうせい》

✕ 後の人生

○ 後から生まれた人

「後生」は「後から生まれてきた人」。「後生《ごしょう》」は後の世、つまり来世《らいせ》。

忖度《そんたく》

✕ 相手の立場を考慮して行動すること

○ 相手の気持ちを推し量ること

「忖度」という言葉には、「行動する」という意味までは含まれていない。

気が置けない

✕ 気が許せない

○ 遠慮がいらない

「気が置けない」を「気が許せない」の意味で使うのは誤り。

しどけない

× 姿態《したい》が色っぽい

○ 身なりがだらしない

「しどけない」に「姿態が色っぽい」などの意味はない。

心やり

× 気遣い

○ 気晴らし

「思いやり」「心遣い」と混同しやすいが「釣りが唯一の心やりだ」などと使う。

筆が立つ

× 字を書くのがうまい

○ 文章を書くのがうまい

「筆が立つ」は字のうまさではなく、文章のうまさをいう言葉。

お座なり

× やらずに放っておくこと

○ いい加減に行うこと

やらずに放っておくのは「なおざり（等閑）」。

カタカナ語を正しく
言い換えられますか？

ノーマライゼーション

× 車社会化

○ 等生化・
等しく生きる社会の実現

体の不自由な人や高齢者がそうでない人と同等に、不自由なく生活できるようにすること。

バリアフリー

× 自由契約

○ 障壁除去

体の不自由な人や高齢者が支障なく活動できるように、物理的・文化的な障壁を取り除くこと。

アカウンタビリティ

× 問題解決

○ 説明責任・説明義務

行政や企業などが、政策や事業に関する情報を公開し、説明を行う責任。

イノベーション

× 刷新

○ 技術革新

新しい製品やサービスを生み出すこと。

インタラクティブ

× 仮想

○ 双方向的・双方向性

送り手と受け手が双方向的に作用し合う様子。

インフラ

× 指針

○ 社会基盤

「インフラストラクチャー」の略。交通、通信、電力など、社会の基盤施設。

オンデマンド

× 特注生産

○ 注文対応

利用者の注文に応じて、速やかに、個別にサービスを提供すること。

キャピタルゲイン

× 資産運用

○ 資産収益

不動産や株式といった資産の値上がりによって得られる売買差益。

グローバリゼーション

× 統治

○ 地球規模化・地球一体化

物事の規模が、地球全体に広がること。世界化。

ジェンダー

× 女性主義

○ 社会的・文化的性差

後天的に学習され、文化的に多様な形で現れる男女の性差。

ディスクロージャー

× 政策研究機関

○ 情報の開示・経営内容公開

粉飾決算防止などのため、企業の財務内容を開示する制度。

トレーサビリティー

× 傾向

○ 履歴管理

流通の履歴を管理し、生産から販売に至る過程を追跡できる仕組み。

アーカイブス

× 年代記・編年史

○ 保存記録・記録保存館

個人や組織が作成した資料や記録などを、組織的に収集・保存したもの。

アウトソーシング

× 企業支援

○ 外部委託・社外調達

業務の一部を外部に委託すること。

プライオリティー

× 基本概念

○ 優先順位

ほかの物事よりも重要性が高いものとして優先する度合い。

マニフェスト

× 合意

○ 政権公約

国政選挙の際、各政党が、政権を取った場合に実行する政策を記した文書。

ユニバーサルデザイン

× 全体構想

○ 万人向け設計

障害者の有無や年齢に関係なく、誰にでも使いやすい形に設計すること。

リテラシー

× 潜在能力

○ 読み書き能力・活用能力

情報を的確に読み解き、活用するための能力。

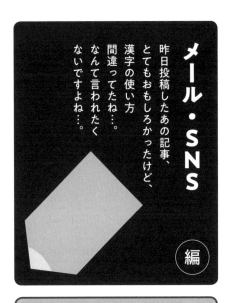

メール・SNS 編

昨日投稿したあの記事、
とてもおもしろかったけど、
漢字の使い方
間違ってたね…。
なんて言われたく
ないですよね…。

太字の部分を
正しい漢字で書けますか？

意見を**てっかい**します

× 徹回

○ 撤回

「撤」は「ひきあげる」という意味。「徹」は「貫き通す」という意味で、「徹底」などの熟語がある。

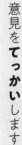

彼は**へいこう**感覚がいい

× 平行

○ 平衡

「平衡」はつり合いがとれて、安定している状態を保つこと。

その件について、**たんてき**に説明してくれ

× 単的

○ 端的

「端的」は「手っ取り早く」という意味。

このあたりには**とちかん**があるんだ

× 土地感

○ 土地勘

「土地勘」はその土地についての事情を知っていること。「土地鑑」とも書く。

ときの声をあげる

× 時

○ 鬨

「鬨の声」は戦いを始めるときにあげる叫び声。

今回の施行は、趣を**こと**にしています

× 殊
○ 異

「異なる」という意味。「殊に」は「特に」という意味。

こう言うと、**ごへい**があるかもしれない

× 御幣
○ 語弊

「語弊」は誤解されやすい言葉の使い方をすること。

彼は、**れんきんじゅつ**に長けた男だ

× 練金術
○ 錬金術

現代では、「金儲けの方法」の意で使われることが多い。

暴動はようやく**ちんせい**化した

× 沈静
○ 鎮静

自然に収まるのは「沈静」だが、人為的に落ち着かせるのは「鎮静」。

学校前の道は**じょこう**が義務付けられている

× 除行

○ 徐行

「行く」という意味が含まれるので、「ぎょうにんべん」が正しい。

この書類を**ふくしゃ**しておいてください

× 復写

○ 複写

「複」という漢字には「同じことをもう一度行うこと」という意味がある。

来週は**ひろうえん**に呼ばれているんだ

× 被露宴

○ 披露宴

「披」は「開く」という意味。

母は**やっき**になって弟を捜した

× 躍気

○ 躍起

「躍起」は「焦ってむきになること・やきもきすること」という意味。

あの男は**やせい**的な雰囲気だ

× 野生

○ 野性

「自然のままの性質」「荒々しいがたくましい」という意味のときは「野性」を使う。

彼女は**ろうばい**した様子だった

× 浪狽

○ 狼狽

「狼狽」は「うろたえ騒ぐこと・おろおろすること」という意味。

祖父は田舎で**よせい**を楽しんでいる

× 余世

○ 余生

「余生」は「残された人生・老後の生活」という意味。

弟は世界史を**りしゅう**している

× 履習

○ 履修

「履修」には「修める」という意味が含まれるので「履修」が正しい。

父の病状は**よだん**を許さない

× 余断

○ 予断

「予断を許さない」で、「予測できない状態にある」という意味。

大勢の**ぐんしゅう**が手を振った

× 群集

○ 群衆

集まった人々を指すときは「群衆」、ある場所に集まった行為を指すときは「群集」を使う。

判決理由の**しゅし**が述べられた

× 趣旨

○ 主旨

「主旨」は中心となる事柄。「趣旨」は何かをするときのねらい。

駅までの**しょよう**時間を調べる

× 所用

○ 所要

「所要」は必要なこと。「所用」は用事・用件。

身元を**しょうかい**する電話がきた

× 紹介

◯ 照会

「照会」は問い合わせをすること。

敵の侵入を**そし**する

× 祖止

◯ 阻止

「阻」は、「はばむ」という意味を持つ。

恋人の**かんしん**を買う

× 関心

◯ 歓心

「歓心」は、喜ぶ気持ち。うれしく思う気持ち。

彼は**てきかく**な人物だ

× 的確

◯ 適格

その地位にいるのがふさわしいという意味。

二人は**こうたいしょう**な性格だ

✕ 好対象

〇 好対照

互いの違いがわかりやすく、際立っていること。

ついに栄華を**きわめた**

✕ 究めた

〇 極めた

「極める」は「この上ないところにまで達する」、「究める」は「物事の深いところにまで達する」の意。

そろそろ夜も**ふけて**きました

✕ 老けて

〇 更けて

深まるという意味のときは「更ける」を使う。

小説の執筆を**わざ**とする

✕ 技

〇 業

「職業・仕事」の意味のときは「業」を使う。

そろそろ徒**きょうそう**が始まるぞ

× 競争

○ 競走

「走る」競技なので「徒競走」が正しい。

妻に**きょうこう**に反対された

× 強行

○ 強硬

「強硬」とは譲らない態度のこと。「強行」は強引なこと・無理矢理なこと。

美の**きょくち**に迫る

× 局地

○ 極致

最高の状態。「局地」は、一定の限られた区域のこと。

ローンの**けっさい**は30日です

× 決裁

○ 決済

「売買取引を終える」意では「決済」を、決定権を持つ人が可否を判断するときは「決裁」を使う。

手**あつい**もてなしを受ける

✕ 熱い

○ 厚い

温度を感じないときは「厚」。

ふんしょく決算で告発される

✕ 紛飾

○ 粉飾

「白粉《おしろい》で化粧して飾る」というのが語源。

物語の**ふくせん**を張る

✕ 複線

○ 伏線

「伏線」は後の展開のためにそれとなく呈示しておくこと。

小学生が**もくどく**をしていた

✕ 目読

○ 黙読

黙って読むこと。「目で読む」からと、「目読」としないように。

彼は**ほうようりょく**のある人だ

× 抱擁力

○ 包容力

心が広いこと。抱きかかえる力が強いわけではない。

彼は最近**まんしん**していたな

× 漫心

○ 慢心

おごり高ぶる気持ち。心のことなので「りっしんべん」。

彼の態度には**へいこう**させられたよ

× 閉校

○ 閉口

「閉口」はどうしようもなくて困ること。

彼の成功を**かくしん**していたんだよ

× 確心

○ 確信

「はっきりと信じること」という意味なので「確信」が正しい。

彼は思わず**かいしん**の笑みを浮かべた

✕ 改心

○ 会心

「会心」には満足するという意味がある。気持ちを改めるときは「改心」を使う。

アンケートの**かいとう**を提出する

✕ 解答

○ 回答

問題を解いて答えるときには「解答」、質問などに答えるときは「回答」を使う。

ついに縁談が**ととのった**

✕ 整った

○ 調った

「とりまとめる」の意なので「調う」。「整う」は「きちんとする」の意。

衆人**かんし**の中で発言する

✕ 監視

○ 環視

「衆人環視」とは、多くの人が周りを取り巻いてこちらを見ていること。

思わず**かんしょう**的になる

× 鑑賞

○ 感傷

感情に関することなので「感」の字を使う。

兄は今年、博士**かてい**を修了する

× 過程

○ 課程

「課程」は習得しなければならない課題、「過程」は物事が進行していく道筋。

真理を**ついきゅう**する

× 追求

○ 追究

調べて明らかにしようとするときは「究」の字を使う。

終盤にきて**けいせい**が逆転した

× 形成

○ 形勢

「情勢・勢力」という意味から類推する。

水道の**けんしん**日は月末だ

× 検診

○ 検針

メーターを見るから「針」のほうを使う、と覚えておくとよい。

五時間の**こうてい**で目的地に着く

× 工程

○ 行程

目的地までの道のりを表すときは「行程」、作業の進行を表すときは「工程」を使う。

入学式で**しきじ**を述べる

× 式次

○ 式辞

「辞」には、「言葉」という意味がある。

同人誌を**しゅさい**する

× 主催

○ 主宰

「宰」には、「治める」という意味がある。

しゃこうしんをあおられて全額つぎこんだ

× 社交心

○ 射幸心

「射幸（倖）心」は偶然の利益や幸福を願う気持ち。

解散は**ひっし**の情勢だ

× 必死

○ 必至

「必ずそのように至る」つまり「避けられない」という意味。

物語の**てんかい**を追う

× 転回

○ 展開

繰り広げられる場合は「展開」を使う。

彼は**とくい**な才能の持ち主だ

× 得意

○ 特異

「ほかとは異なること」という意味なので「異」を使う。

堤防の**ほしゅう**工事が始まる

× 補習

○ 補修

「補修」の「修」は、「修理」の「修」。

年内実施を**めいげん**する

× 名言

○ 明言

「明」は、「はっきりと」という意味。

消化**きかん**が炎症を起こす

× 機関

○ 器官

体内の一部の場合は「器官」を使う。

大阪駅を**きてん**として半径五キロ圏内

× 起点

○ 基点

ある地点からいろいろな方向に計測する場合は「基点」を使う。

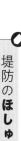

きょうい的な記録が出た

× 脅威

○ 驚異

脅かされるのではなく、驚かされるので、「驚異」が正しい。

師匠の前で**いぎ**を正す

× 異議

○ 威儀

「威儀」はきちんとした礼儀にかなった重々しい様子。

試合を**ゆうせい**に進める

× 優性

○ 優勢

「勢」いに「優」ったほうが試合に勝てる、と覚える。

かせつ住宅に入居する

× 仮説

○ 仮設

「仮に建設する」のだから、「設」が正しい。

かねつする報道に辟易《へきえき》する

× 加熱

○ 過熱

度が「過」ぎる、と覚える。

つつしんでお祝い申し上げます

× 慎んで

○ 謹んで

「かしこまって」の意なので「謹んで」を使う。「慎む」は「抑制する」の意。

実力が**はくちゅう**している

× 伯中

○ 伯仲

優劣がつけられないこと。伯は長男、仲は次男。

学校の全課程を**しゅうぎょう**した

× 就業

○ 修業

学業を修めたわけだから、「修業」。

町の発展を**そがい**する動きがある

× 疎外

○ 阻害

「阻害」は、「妨げる」という意味。

彼女は**せいとう**派の美人だ

× 正当

○ 正統

「系統として正しいと認められる」と覚えるとよい。

意味**しんちょう**な文章を残す

× 慎重

○ 深長

「深長」は奥深くて含蓄があること。

車両は、**しんにゅう**禁止です

× 侵入

○ 進入

領域を侵しているわけではなく、ただ入ってくるだけなので「進入」が正しい。

まごにも衣装

× 孫

○ 馬子

「馬子」とは馬を引いて人や荷物を運ぶことを生《なり》業《わい》とした者。立派な衣装を身につければ、それなりに見えるという意味のことわざである。「馬子に縕袍《わんぼう》」ということわざもあり、馬子にはどてらが似合うという意味で、分相応なことのたとえとして用いられる。

みんなあの男を**けぎらい**している

× 気嫌い

○ 毛嫌い

「毛嫌い」は、はっきりした理由もなく嫌うことをいうが、語源は鳥獣が毛並みによって相手を嫌うと考えられていたことにある。嫌いなものを見るとゾクゾクッと総毛立つからではないらしい。

多くの有名人が**いちどう**に会する

× 一同　○ 一堂

多くの人が同じ場所に集まることを「一堂に会する」という。「一堂」とは「一つの建物」、つまり「同じ場所」という意味だ。一方「一同」は「みんな」「全員」の意味。どうしても「一同」という語が使いたければ、「一同が会する」とすべきだろう。

ふんぎりがつかない

× 糞切り　○ 踏ん切り

「踏ん切りがつかない」で、決断がつかない、思い切ってできない、という意味。「踏み切り」が音便化して「踏ん切り」になったという。

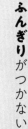

グループの**さんか**に入る

× 参加

○ 傘下

「傘下」は、庇《ひ》護《ご》の下にあること。

まんをじす

× 満を辞す

○ 満を持す

いっぱいに引きしぼった弓（満）を構えることから、「しっかり準備して機会を待つ」という意味。

部下に責任を**てんか**する上司

× 転化

○ 転嫁

「転化」では「他の状態に変わる」という意味になってしまう。

こときれる

× 言切れる

○ 事切れる

「命が絶える」「死ぬ」の意味。「言葉が絶える」ということではない。

たかねのはな

× 高値の花

○ 高嶺の花

高い山に咲いている花の意から、遠くから眺めるばかりで手の届かないもののたとえ。

けつまくえん

× 血膜炎

○ 結膜炎

まぶたの裏と眼球の表面を覆う粘膜を「結膜」という。「結膜炎」はここの炎症。

みいり

× 身入り

○ 実入り

「実入り」とは「収入」の意。「実入りのいい仕事」などという。

いっちょういっせき

× 一鳥一石

○ 一朝一夕

「わずかの期間」の意味。「一石二鳥」と混同しないように。

しょほうせん

× 処法箋

○ 処方箋

医者が患者に与える薬の種類や量などを指示する文書のこと。

あいあいがさ

× 愛愛傘

○ 相合傘

好き合った男女が一本の傘を差すこと。「相相傘」と書く向きもある。

なしのつぶて

× 無しのつぶて

○ 梨のつぶて

手紙などを出しても返事が全くないこと。「無し」に「梨」をかけた表現である。

いきごむ

× 息込む

○ 意気込む

何かしてやろうと張り切ること。「意気」は「気持ち」「気構え」の意味。

ききいっぱつで助かった

× 危機一発　○ 危機一髪

『007／ロシアより愛をこめて』は公開当時の邦題は『007／危機一発』だった。もちろん「危機一髪」をもじった造語。「危機一発」と誤記する人があとを絶たないのは、この映画の影響もあるのだろうか。

袖《そで》振《ふ》り合うも**たしょうのえん**

× 多少の縁　○ 多生の縁

見知らぬ人同士が道で袖を触れ合うのも、決して偶然ではなく、深い宿縁《しゅくえん》によるものだという意味のことわざ。「多生」は「他生」とも書き、何回も生まれ変わることを表す。

秘策が**こう**を奏する

✕ 効

◎ 功

「功を奏する」は、もともとは「事の成功を君主に申し上げる」の意味。ここから「目的どおりに物事をなしとげる」の意味で使われるようになった。二字熟語の「奏功《そうこう》」も同じ意味の言葉だ。

舞台で見せた彼の演技はまさに**あっかん**だった

✕ 圧観

◎ 圧巻

「圧巻」は書物や催《もよお》し物の最も素晴らしい部分のこと。「巻」は、試験の答案を指す。昔の中国の科《か》挙《きょ》制度では、最も優秀な答案をほかの答案の上に置いたことから「他を圧する答案」の意味でこの語が生まれた。

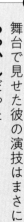

こうがんむち

✕ 厚顔無知

○ 厚顔無恥

「無恥」は「恥が無い」ではなく、「恥を知らない」という意味。

ぜんごさく

✕ 前後策

○ 善後策

「うまく後始末をつけるための方策」の意。「善後」とは後始末をよくすること。

かんぺき

✕ 完壁

○ 完璧

「璧」は「たま」の意。「傷のない玉」が転じて、全く欠点のないことをいう。

おんこちしん

✕ 温古知新

○ 温故知新

『論語』の「故《ふる》きを温《たず》ねて新しきを知る」より、昔のことをよく調べ、新しい知恵を得ること。

でばなをくじく

× 出花

○ 出端

「出端」は「し始め」の意味。近年では、「出鼻」と書く向きもある。

じがじさん

× 自我自賛

○ 自画自賛

「自分の描いた絵に自分で賛《さん》を書く」の意。転じて、自分で自分を褒《ほ》めることをいう。

しんきいってん

× 心気一転

○ 心機一転

何かがきっかけとなって心構えが変わること。「心機」は「心の動き」の意。

しんきまきなおし

× 新規巻き直し

○ 新規蒔き直し

「改めて種を蒔き直す」という意味で「新規蒔き直し」が正しい。

そんな褒《ほ》め言葉は、**がいこうじれい**にすぎない

× 外交辞礼　○ 外交辞令

外交に「礼儀」は不可欠なものだけに「辞礼」としてしまいそうだが、それは誤りである。「辞令」とは、応対のときに使われる言葉のことで、「外交辞令」「社交辞令」などという。

今は商店街の**かきいれどき**だ

× 掻き入れ時　○ 書き入れ時

商売などが繁盛して、忙しい時期のことを「書き入れ時」という。「書き入れ」とは、帳簿の記入のこと。商売が繁盛すると帳簿の記入が忙しくなることから、こういわれるようになった。

あきれて二の句が**つげない**

× 告げない　○ 継げない

「二の句」とは、「次に言い出す言葉」という意味。「二の句がつげない」とは、「次の言葉が出てこない」、つまり「次の言葉を継ぐことができない」ということであり、あきれて開いた口がふさがらない状態のこと。

せっかくの計画が**ごはさん**になる

× ご破産　○ ご破算

「ご破算」とは、算盤《そろばん》で、計算をもとに戻して、零にすること。転じて物事が台無しになり、最初の状態に戻ることを表す。「ごわさん」ともいう。

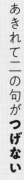

自らの**しゅっしょしんたい**をかける

✕ 出所進退　◯ 出処進退

「出処進退」とは、「身の処《しょ》し方」のことで、「出処進退を明らかにする」などと使われる。「出処」の「出」は「役人になること」、「処」は「役人にならずに家にいること」の意味。刑務所を出るわけではないので、「出所」とはならない。

競争相手に対して**おおみえ**を切ってみせる

✕ 大見栄　◯ 大見得

「見得」は元来、歌舞伎《かぶき》などの大事な場面で役者が見せる大げさな表情やしぐさのこと。転じて、自信たっぷりな発言やしぐさをすることをいう。一方、「見栄」とは人の目を気にして上辺を飾ることである。

たんとうちょくにゅうに話をする

✕ 短刀直入

○ 単刀直入

「一ふりの刀で敵陣に切り込む」の意。転じて、回りくどい方法をとらず、直接本題に入ることをいう。「短刀」で敵に切り込むのはちょっと無謀。

部下たちに**おおばんぶるまい**をする

✕ 大番振る舞い

○ 大盤振る舞い

気前よく食事や金品を振る舞うことをいう言葉。「大番振る舞い」の誤りはともかくとして、実は「大盤振る舞い」も「椀飯《おうばん》振る舞い」の誤用がもとで広まったものだとされている。

相手の言葉に**あいづち**を打つ

× 合槌　○ 相槌

「相槌」は向き合った鍛冶《かじ》の師と弟子が交互に槌を打ち合ったことからきた言葉。人の言うことに調子を合わせたりうなずいたりすることをいう。相手に調子を「合わせる」からといって、「合槌」と書くのは誤り。

何も知らされず、**ごりむちゅう**の状態だ

× 五里夢中　○ 五里霧中

深い霧がたちこめて、全く方角がわからない状態に陥ること。転じて、何の手がかりもなく、判断に迷うことをいう。昔、張楷《ちょうかい》という人が道術によって五里四方にわたる霧をおこしたという故事に由来する。

ふわらいどう

× 不和雷同

○ 付和雷同

むやみに他人の意見に同調すること。「不和」だと逆の意味になってしまう。

ばんらいの拍手

× 万来

○ 万雷

「千客万来」の連想から「万来」とするのは誤り。「たくさんの雷のような拍手」の意。

いくどうおん

× 異句同音

○ 異口同音

多くの人の意見が一致すること。「異句」だと「異なる言葉」になってしまう。

しんしょうぼうだい

× 針小膨大

○ 針小棒大

「針のように小さなことを、棒ほどの大きさのことのように言う」の意味。

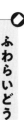

せいてんはくじつ

× 晴天白日

○ 青天白日

青い空と明るい日差しのことから、心にやましいことのない様子を表す。

ひえしょう

× 冷え症

○ 冷え性

手足が冷えやすい体質のこと。「冷え症」としがちだが、「冷え性」が正しい。

ぜんじ

× 漸時

○ 漸次

「暫時《ざんじ》」と混同しそうだが、「漸次」は「しだいに」、「暫時」は「しばらく」の意。

さんみいったい

× 三身一体

○ 三位一体

キリスト教の教義からきた言葉。三つのものが一体になるさまをいう。

こうなったら、君とは**いちれんたくしょう**だ

✕ 一連托生

◎ 一蓮托生

「運命をともにする」の意味から「連」の字を想起するのは誤り。この言葉の由来は、同じ心で念仏を唱えれば、同じ蓮《はす》の上に生まれ変わる、という仏教の教えにある。

かいきえんを上げる

✕ 快気炎

◎ 怪気炎

言葉から受ける感じから「快気炎」としたいところだが、「怪気炎」が正しい。「気炎」とは、盛んな意気の意味。「怪気炎」は「怪しく感じるほどの盛んな意気」ということである。

はてんこうな作戦を練る

× 破天候

○ 破天荒

「天荒」とは「未開の荒地」の意。古代中国で科挙《かきょ》の合格者が出ず、「天荒」と呼ばれていた地方に、初めて合格者が出て「天荒を破った」と称したという故事から、誰もしたことがないことをやってのけるさまを「破天荒」というようになった。

彼はわが社にとってやくびょうがみみたいなものだ

× 厄病神

○ 疫病神

「厄介・厄年」などからの連想で、つい「厄病神」としてしまいそうだが、「疫病神」が正しい。「疫病神」とは疫病《えきびょう》を流行させる神のこと。転じて、「災《わざわ》いをもたらすとして人から嫌われる人物」の意味で使われるようになった。

どろじあい

× 泥試合

○ 泥仕合

泥にまみれて争うこと。転じて互いの失敗や欠点を暴露し合う醜い争い。

がりょうてんせい

× 画竜点晴

○ 画竜点睛

「睛」は「ひとみ」の意。竜の絵にひとみを描き加えたら、たちまち天に昇ったとの故事による。

でんどうし

× 伝導師

○ 伝道師

「伝道師」は「道を伝える人」の意。おもにキリスト教で使われる言葉。

お祝いを**いただく**

× 載く

○ 戴く

「頂く」とも書く。「載」の字とよく似ているので誤記しやすい。

せっぱつまる

× 切端

○ 切羽

「切羽」とは刀のつばに添える薄い金具。非常に差し迫った状態のたとえ。

かんにん

× 勘忍

○ 堪忍

「堪忍」は「怒りを抑えて堪《こら》える」の意。

ふうぶつし

× 風物誌

○ 風物詩

風景や季節をうたった詩。または、それぞれの季節をよく表しているもののこと。

きがい

× 気慨

○ 気概

気持ちを表す言葉だけに「慨」としたいところだが誤り。困難にもくじけない強い心のこと。

スピーチ・読書編

人前でスピーチするなら
カッコよくきめたい！
でも思い込みで
漢字の読み間違いをしたら、
すべてが台無しですよ!!

太字の部分を
正しく読めますか？

百メートル走は彼の**独擅場**だった

× どくだんじょう

○ どくせんじょう

思うままに活躍するさまを「独擅場」という。「擅」が「壇」の字と似ているため、「どくだんじょう」と誤読され、「独壇場」という新語が生まれたが、もともと「独壇場」という言葉は存在しなかった。

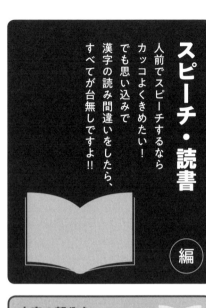

彼とは**入魂**の仲です

× にゅうこん

○ じっこん

「にゅうこん」と読むこともできるが、「にゅうこんの仲」とはいわない。「入魂《じっこん》」は「心やすい」「親しい」の意味で、「昵懇」とも書く。

わが社の方針は**上意下達**で決められる

× じょういげたつ

○ じょういかたつ

「上意」とは「君主の考え」のこと。上の者の意思や命令を下の者に徹底させることを「上意下達」という。最近では「トップダウン」などということが多く、対義語は「ボトムアップ」という。

一見さんお断りの店

× いっけん

○ いちげん

「いっけん」とも「いちげん」とも読む言葉だが、ここでは「いちげん」が正しい。「いちげん」とは紹介もなしに初めて来た客のこと。

奇しくも娘の誕生日は祖父の命日と同じであった

× きしくも

○ くしくも

「不思議にも」の意味を表す「奇しくも」は、文語の「奇《く》し」の連用形に助詞「も」がついたもの。したがって「きしくも」とは読まない。

身を粉にする

× みをこなにする

○ みをこにする

労苦をいとわないで努力すること。もとは文語なので、「こ」と読む。

職人気質

× しょくにんきしつ

○ しょくにんかたぎ

「気質《かたぎ》」は特定の職業や立場の人の典型的な性質をいう言葉。

一段落つく

× ひとだんらくつく

○ いちだんらくつく

「ひとだんらく」という人が多いが、「いちだんらく」が正しい。

完遂

× かんつい

○ かんすい

「完遂」は完全にやりとげること。「かんつい」は誤読である。

一日の長

✕ いちにちのちょう

○ いちじつのちょう

「いちじつ」と読む。人より経験や技能が一歩勝っていることを表す。

読本

✕ どくほん

○ とくほん

「読本」とは昔の国語の教科書のこと。転じて、入門書の意味でも使う。

舌鼓

△ したづつみ

○ したつづみ

本来の読み方は「したつづみ」。今日では「したづつみ」も認められている。

病膏肓に入る

✕ やまいこうもうにいる

○ やまいこうこうにいる

「膏肓」は治療の難しい所のこと。重い病気で治しがたいことをいう。

雰囲気

×　ふいんき

○　ふんいき

「ふんいき」が正しい。「雰」は「ふん」と読み、「靄《もや》」を表す。

足蹴にする

×　あしげりにする

○　あしげにする

「あしげにする」と読むのが普通。ひどい仕打ちをすることをいう。

幕間

×　まくま

○　まくあい

芝居と芝居の間の休憩時間のこと。「まくま」は誤読である。

強か

×　しったか

○　したたか

「強」には「したた（か）」以外に「あなが（ち）」などの訓読みもある。

間髪をいれず返答する

✕ かんぱつをいれず　○ かんはつをいれず

「間に一本の髪の毛をいれる隙もない」の意味の故事成語だ。「かん、はつをいれず」と読むのが正しい。「間髪」はもともと一つの言葉ではなく、「かんぱつ」と続けて読むのは誤りである。

これは気骨が折れる仕事だ

✕ きこつ　○ きぼね

「気骨が折れる」とは「気苦労が多く、神経が疲れる」という意味。「きぼね」と読む。「気骨」を「きこつ」と読むこともあるが、「信念を曲げない強い意志」という別の意味になる。

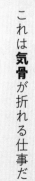

喧喧囂囂たる非難が湧き上がる

× けんけんがくがく　○ けんけんごうごう

「喧喧囂囂」は大勢の人がやかましく騒ぎ立てるさまを表す。「喧喧諤諤」と書けば「けんけんがくがく」と読む。これは「喧喧囂囂」と「侃侃諤諤《かんかんがくがく》」が混交して誤用された言葉。

気難しい彼が珍しく**相好**を崩した

× そうこう　○ そうごう

「表情を崩して、にこにこする」ことを「相好を崩す」という。「相好」は元来は仏教の用語で、仏の端厳微妙《たんごんびみょう》な容貌《ようぼう》を形づくるさまざまな優れた特徴を指す「三十二相《そう》八十種好《ごう》」という言葉から。転じて「顔つき」「容姿」の意味で使われるようになった。

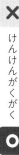

心神耗弱

× しんしん もうじゃく

○ しんしん こうじゃく

「心神喪失」まではいかないが、その一歩手前の状態。裁判で、刑が軽減されることもある。

贖罪

× とくざい

○ しょくざい

「罪を償うこと」の意。「とくざい」は誤読。

猛者

× もうじゃ

○ もさ

実力があって、ほかから恐れられている者のこと。「もうじゃ」とは読まない。

分別くさい

× ぶんべつ

○ ふんべつ

「ふんべつ」は物事の善し悪《あ》しを判断する能力のこと。

言質

× げんしつ

○ げんち

「げんしつ」は誤読。「後々の証拠となる言葉」の意味。

頌春

× こうしゅん

○ しょうしゅん

年賀状などの挨拶の言葉。「こうしゅん」は誤りで「しょうしゅん」が正しい。

悪食

× あくしょく

○ あくじき

「あくじき」と読む。普通、人の食べないものを好んで食べること。

定款

× ていいん

○ ていかん

株式会社などの目的や業務などを定めた規則。また、その文書。

第2章

あわせて覚えておきたい

正しい意味を知っていますか？

はなむけ

× 花向け

○ 鼻向け

「はなむけ」＝「花を向ける」の意味ではない。その昔、旅立つ人の安全を祈って、その人の馬の鼻を目的地の方角に向けたことに由来し、「鼻を向ける」が原義である。

折檻《せっかん》

× 体罰を与えること

○ 強く諫《いさ》めること

中国の皇帝が臣下の諫言《かんげん》に怒って宮殿から引きずり出そうとしたところ、臣下が檻（てすり）にしがみついていたため檻が折れたという故事による。元来は「言葉を尽くして諫める」の意味だったが、「体罰」の意味で誤用されて広まった。

一姫二太郎

✕ 女の子が一人、男の子が二人生まれること

〇 一番目に女の子、二番目に男の子が生まれること

「一姫二太郎」は、一人目が女の子、二人目が男の子だと育てやすいという意味。男が家を継ぐ時代に初子《はつご》が女の子だった人に対する慰めから始まった言葉だといわれている。

天に唾《つば》する

✕ 天を冒瀆《ぼうとく》するような傲慢《ごうまん》な振る舞いをすること

〇 自分の行いが原因で災《わざわ》いがふりかかること

天に向かって唾を吐けば、自分の顔に落ちてくる。人に害を加えようとすると自分に返ってくるという意味である。天を冒瀆するという意味ではない。

前門の虎後門の狼

✕ 窮地に追い詰められること

○ 災《わざわ》いが次々にふりかかること

「前門で虎を防いでいると、後門から狼が襲ってくる」の意。

月下氷人

✕ 美人

○ なこうど

縁結びの神様である「月《げっ》下老人《かろうじん》」と「氷人」が混交してできた言葉。

阿《あ》弥《み》陀《だ》にかぶる

✕ 帽子などを目深にかぶる

○ 帽子などを後ろに傾けてかぶる

阿弥陀の光背《こうはい》のように、帽子を後ろに傾けてかぶること。

浅《あさ》葱《ぎ》色《いろ》

✕ 黄色

○ 水色

「浅葱色」とはアサツキの葉の色である緑がかった薄い藍《あい》色を指す。

朝三暮四《ちょうさんぼし》

× 方針をころころ変えること

○ 言葉の上でうまくごまかすこと

言い方の違いに騙《だま》されて本質は同じであることに気づかないこと。

門前雀羅《もんぜんじゃくら》を張る

× 出入りが激しく賑《にぎ》やかな様子

○ 訪れる人もなく寂しい様子

「門前に雀《すずめ》捕りの羅《あみ》を張れるほど」の意味で、さびれた様子を表す。

瓜《うり》の蔓《つる》に茄子《なすび》はならぬ

× 「鳶《とび》が鷹《たか》を生む」と同じ意味

○ 「蛙《かえる》の子は蛙」と同じ意味

平凡な親からは平凡な子しか生まれないことのたとえ。

未明

× はっきりしない時分

○ 夜が明けきらない時分

「未明」は「夜が未《いま》だ明けない」の意。

遺《い》憾《かん》

× 申し訳なく思うこと

○ 残念に思うこと

謝っているわけではなく「残念に思う」の意味である。

悪びれる

× 開き直る

○ おどおどする

「悪びれる」は「おどおどする」の意。「開き直る」なら「悪びれもせず」。

朝立ち

△ 朝、陰部が勃起すること

○ 朝早く出発すること

「朝立ち」の本来の意味は早朝に出発すること。

天地無用

× 上下を逆さまにしても構わない

○ 上下を逆さまにしてはいけない

「無用」は「〜してはならない」の意味もある。

姥桜《うばざくら》

×　年甲斐《としがい》もなく派手な女性

○　娘盛りを過ぎても美しい女性

「姥桜」は娘盛りを過ぎてもなまめかしさのある女性のこと。

食間に服用する薬

×　食事をしている間に飲む薬

○　食事と食事の間に飲む薬

「食間に服用」と書かれた薬をもらって、食事中に飲むのは誤り。

言を左右にする

×　きっぱりと答える

○　言葉を濁してはっきり言わない

言葉が左へ右へ行く。つまり、はっきりと定まらないこと。

つましい

×　遠慮深い

○　質素だ

「安月給でつましく暮らす」などと使う。「遠慮深い」は「つつましい」。

いぎたない

× 食い意地が張っている様子

○ いつまでも眠りこけている様子

昏々《こんこん》と眠り続けるさまや、寝相が悪いさまを形容する言葉。

頑是《がんぜ》ない

× 罪のない

○ 分別がつかない

幼くて物事の善悪の区別がつかないこと。転じて無邪気なこと。

つとに

× 広く

○ 前々から

「つとに」は漢字では「夙に」と書く。「早くから」「前々から」の意味。

にわかに

× だんだんと

○ 急に

「にわかに」は「急に」の意。「にわかに雨が降り出した」などと使う。

正しい使い方が
できていますか？

役不足

×　彼は指導者の器じゃないよ。役不足だね。

○　部長程度では、彼のような優秀な人には役不足だ。

「役不足」は元来、歌舞伎《かぶき》役者が与えられた役に満足しないことで、転じて能力や力量に対して役目が軽すぎることを指す。力量に対して役目が重すぎる場合は「力不足」。

色をなす

×　彼女は出勤途中で忘れ物に気づき、色をなして取りに帰った。

○　審判の不当な判定に対して色をなして抗議する。

「色をなす」は怒って顔色を変えるさまをいう。びっくりしたり、うろたえたりする場合に使う言葉ではない。それをいうなら「色を失う」だろう。

情けは人のためならず

× 人に情けをかけることは本人の自立のためによくない。

○ 人に情けをかければ巡り巡って自分に返ってくるものだ。

意味を取り違えやすいことわざの代表例であろう。この言葉の本来の意味は「人に情けをかければ巡り巡って自分に返ってくる」というもの。

流れに棹《さお》さす

× 彼はひねくれ者だから、流れに棹さすようなことばかりする。

○ 世の中の動きに従い、流れに棹さすような生き方をする。

「流れに棹さす」は棹を操って舟を進めること。そこから、時流に乗ることを意味するようになった。夏目漱石の「情に棹させば流される」（『草枕』）は、「他人に同情すれば」の意味である。

柳眉《りゅうび》を逆立てる

× 社長の息子が柳眉を逆立てて怒っている。

○ 部下の失態に女性部長が柳眉を逆立てている。

「柳眉を逆立てる」は美しい女性が怒りをあらわにするさまをいう。男性の場合には使わない。

砂をかむ

× 応援しているチームが負けて砂をかむような思いだった。

○ 砂をかむような単調な毎日を送っている。

「砂をかむような」とは無味乾燥で味気ないことのたとえ。砂を口に入れても味もそっけもないことからこういわれるようになった。悔しい気持ちを表す言葉ではない。

弱冠

× 弱冠四十歳にして一流企業の社長の座にのぼりつめる。

○ その打者は弱冠二十歳にして首位打者のタイトルを獲得した。

「弱冠」とは「二十歳」のこと。転じて、若さを表す言葉として使われるようになった。実力や実績の割に年齢が若いことの意味で使われることが多いが、四十歳の人に対して「弱冠」というのはさすがに不適切である。

まんじりともしない

× 朝顔の開花の様子をまんじりともしないで見つめる。

○ 翌日のことが気になって、一晩中まんじりともしなかった。

「まんじり」はちょっと眠るさまを表す言葉。よって「まんじりともしない」は「全く眠らない」の意味となる。「じっと見つめる」の意味で使われることもあるが、その場合は「まんじりともせずに見る」ではなく「まんじりと見る」。

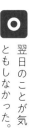

顔《がん》色《しょく》なし

× 彼はいつも不健康そうで顔色のない青白い顔をしている。

○ 将棋の小学生名人が大活躍し、大人の棋士たちを顔色なからしめた。

「顔色なし」は「すっかり圧倒される」の意味。ただし、近年は、自分で失敗して面目を失うような場合にも使われる。実際の顔色についていうのは「顔色の悪い」「血の気のない」など。

折り紙つき

× あいつは折り紙つきの悪党だ。くれぐれもかかわり合いになるなよ。

○ 彼の実力は各方面からの折り紙つきだ。

「折り紙」とは鑑定書のこと。「折り紙つきの美術品」など、よい意味で使うのが正しい。「悪党」や「悪人」についていうのは、「札つき」。

おっとり刀《がたな》

✕ 時間に余裕があったので、おっとり刀で職場に出向いた。

○ 事故の知らせを受けておっとり刀で現場に向かった。

「おっとり刀」は「押っ取り刀」と書く。もともとは、刀を腰に差す暇もなく手に持ったまま駆けつけることをいった。「取るものも取りあえず」という意味で使われる。

確信犯

✕ 彼は自分の行為を犯罪だと自覚していたはずだ。確信犯だよ。

○ 男は独自の政治思想によって罪を犯した。こうした確信犯に更生は無理だ。

「犯罪行為とわかっていてあえて罪を犯す者」の意味で使われることが多いが、「確信犯」は本来は、道徳的・宗教的・政治的な信念に基づいて犯罪を行う者のことを指す言葉である。

君子は豹変《ひょうへん》す

×　温厚な彼が怒りを爆発させた。まさに「君子は豹変す」だ。

○　「君子は豹変す」で、立派な人ほど自らの過ちを潔く改めるものだ。

「君子は豹変す」とは「君子が過ちを改めるときは、豹の毛が生え変わって斑紋《はんもん》が鮮やかになるように速やかに改める」という意味。「豹変」は、元来はよい方向に変わることをいった。

五指《ごし》に余る

×　彼はその道では世界でも五指に余る名人だ。

○　この映画には五指に余る大スターたちが出演している。

「五指に余る」は五本の指では数え切れないということ。つまり「五つ以上ある」という意味である。「五つ以内」の場合は、「五指に入る」とすべきだろう。

ぞっとしない

× 旅先の旅館で幽霊を見たんだが、それほどぞっとしなかったよ。

○ 壁を塗り替えたのはいいが、その色はあまりぞっとしないな。

「ぞっとする」といえば、恐ろしくて身の毛がよだつ思いをすることだが、「ぞっとしない」は「怖くない」の意味ではなく、「感心しない」という意味。

かねる

× 管轄外のことなので我々としては責任を負いかねません。

○ 申し訳ありませんが、ご依頼には応じかねます。

「～かねる」は「～できない」の意味である。したがって、「責任を負いかねません」だと、「責任を負うこともできなくない」、つまり「責任を負うことができる」という意味になってしまう。

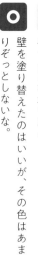

三つ巴《どもえ》

× 三者は三つ巴の状態で牽制《けんせい》し合い、身動きがとれずにいる。

○ 三強と呼ばれるチームが三つ巴の戦いを繰り広げている。

「三つ巴」は力の均衡した三つの勢力が入り乱れて争うこと。お互いが牽制するような状態は、「三つ巴」ではなく「三竦《さんすく》み」。「三竦み」は、蛙《かえる》は蛇《へび》を、蛇はなめくじを、なめくじは蛙を恐れて竦むことを指した言葉。

尻《しり》をまくる

× 恐ろしい敵に出くわし、尻をまくって逃げ出した。

○ 犯人は追い詰められると尻をまくって反撃に出た。

「尻をまくる」は開き直って反抗的な態度をとること。「尻《けつ》をまくる」も同じ意味である。元来は芝居の所作を表した言葉である。「尻をまくって逃げ出す」という言い方は誤り。その場合は「尻尾《しっぽ》を巻いて」などとすべきだろう。

下にも置かぬ

✕ その国では下にも置かぬ扱いを受け、我々はひどく憤慨した。

○ 村の人々はとても親切で、旅人を下にも置かずにもてなした。

「下にも置かぬ」は「下座《しもざ》に着かせないようにする」ということ。すなわち「丁重に扱う」という意味。「下座にすら着かせない」の意味ではない。

なさぬ仲

✕ 二人は親しく付き合ううちに、なさぬ仲になってしまった。

○ 彼女は後妻なので、その子とはなさぬ仲である。

「なさぬ仲」は「生さぬ仲」と書く。「生んでいない仲」、つまり、血のつながりのない間柄ということ。

慇懃《いんぎん》

× 相手の慇懃な態度が気に障る。

○ 慇懃すぎる応対はかえって失礼だ。

「慇懃」は礼儀正しく丁寧なさま。丁寧だが失礼なさまは「慇懃無礼」。

愁眉《しゅうび》を開く

× 最悪の事態に愁眉を開く。

○ 事態の改善に愁眉を開く。

「愁眉」は「憂いを含んだ眉《まゆ》」。これを「開く」から、「憂いが晴れる」の意。

当たり年

× 今年は交通事故の当たり年だ。

○ 今年はブドウの当たり年だ。

「当たり年」は「収穫の多い年」のこと。幸運に恵まれた年のことをいう。

耳障り

× 耳障りのよいことばかり言う。

○ 耳障りな音楽を流す。

「耳障り」は、聞いて不快に感じること。「耳触り」とすれば両方とも許容。

雨模様

× 降ったりやんだりの雨模様だ。

○ 雲が垂れ込みすっかり雨模様だ。

「雨模様」は本来「今にも雨が降り出しそうな空の様子」の意味である。

八百長

× 審判に八百長を持ちかける。

○ 選手に八百長を持ちかける。

「八百長」は金品を受け取ってわざと負けること。審判は「買収」だろう。

鼻をうごめかす

× 豪華な料理に鼻をうごめかす。

○ 自慢げに鼻をうごめかす。

自慢げに鼻をひくひくさせることで、においを嗅《か》ぐという意味ではない。

爪に火をともす

× 爪に火をともすような貧乏生活。

○ 爪に火をともすようなけちん坊。

「極度に倹約する」の意味で、貧乏ぶりを表す言葉ではない。

駄目を押す

× ふがいない演技に駄目を押す。

○ 納期について再度駄目を押す。

「駄目を押す」は念を押すこと。やり直しさせるのは「駄目を出す」。

涙を振るう

× 涙を振るって感動する。

○ 涙を振るって処罰する。

「涙を振るう」は、「涙を振りはらう」の意で私情を振り捨てること。

首っ引き

× クラスの女の子に首っ引きだ。

○ 辞書と首っ引きで原書を読む。

「首っ引き」は辞書などを絶えず参照する様子のこと。夢中は「首っ丈《たけ》」。

自家薬籠中《じかやくろうちゅう》の物

× 自家薬籠中の物に脅かされる。

○ 必殺技を自家薬籠中の物とする。

いつでも自在に役立てることができる物を「自家薬籠中の物」という。

着の身着のまま

× 着の身着のままで散歩に出かけた。

○ 着の身着のままで焼け出された。

「着ている物以外何も持たない」が正しい意味。

引け目

× 加害者としての引け目がある。

○ 貧乏なことに引け目を感じる。

「引け目」は自分が劣っていると感じること。相手に対しては「負い目」。

元旦

× 元旦の朝に初日の出を拝む。

○ 元旦に初日の出を拝む。

「元旦」は「元日の朝」の意味。「元旦の朝」は意味が重複してしまう。

歯牙《しが》

× 次々と若い女性を歯牙にかける。

○ 人の提案など歯牙にもかけない。

「歯牙」とは「言葉」の意味。「歯牙にもかけない」で問題にもしないこと。

対談

× 三人の対談を実現させる。

○ 有名作家との対談を楽しむ。

「対談」は二者が話すこと。三者の場合は「鼎談《ていだん》」である。

ものする

× 技をものする。

○ 大作をものする。

「ものする」は「詩や文章などを書く」の意。「習得する」は「ものにする」。

煮え湯を飲まされる

× ライバルに煮え湯を飲まされる。

○ 部下に煮え湯を飲まされる。

信用していた相手に裏切られてひどい目にあうこと。

圧倒的

× 圧倒的な弱さで敵に敗れる。

○ 圧倒的な強さで敵を破る。

「圧倒」は相手にならない強さで勝つこと。「弱さ」には使わない。

首が回らない

× 忙しくて首が回らない。

○ 借金で首が回らない。

「首が回らない」は借金がかさんでやりくりがつかない状態。

逮捕

× 犯人を拘置所に逮捕する。

○ 逮捕監禁罪で捕まる。

拘置所に身柄を拘束されるのは「拘留《こうりゅう》」。

あげく

× 努力したあげく成功を収める。

○ 苦労したあげく失敗に終わる。

「いろいろなことをしてみたものの」の意。後によくない結果が続く。

細君

× 先生の細君にお会いする。

○ わが細君も元気にしております。

自分の妻を謙遜《けんそん》していう言葉なので、目上の人の妻に対して使うのは失礼。

鼻息が荒い

×
好成績で終わり、鼻息が荒い。

○
試合に絶対勝とうと鼻息が荒い。

「鼻息が荒い」は、勝負などに強気で臨むさまをいう。

胸騒ぎ

×
うれしくて胸騒ぎを覚える。

○
不吉な出来事に胸騒ぎを覚える。

不吉な予感などに胸がどきどきすること。興奮するという意味ではない。

告発

×
被害者が犯人を警察に告発する。

○
職員が役所の不正を告発する。

「告発」とは、被害者以外の人が捜査機関に訴え出ることをいう。

雨後《うご》の筍《たけのこ》

×
雨後の筍のように背が伸びる。

○
雨後の筍のようにビルが建つ。

「雨後の筍」は似たような物事が次々に生じることのたとえである。

指折り

× 世界でも指折りの大悪人。

○ 日本でも指折りの名勝地。

「指折り」は際立って優れているものに使う。

空前絶後

× 空前絶後の快挙を果たす。

○ 空前絶後の大事件。

「空前絶後」は「後にも先にもありえないようなこと」。

ろくな

× もう少しろくな成績を収めてくれ。

○ ろくな成績を残していない。

「ろくな」は普通、後ろに打ち消しの表現を伴う形で使われる。

姑息《こそく》

× 姑息な手段で敵を出し抜く。

○ 姑息な対処にとどめる。

「姑息」に「卑怯な」の意味はなく、「その場しのぎの」という意味。

漢字で書くとき、
迷っていませんか？

かいとうらんまを断つ

✕ 快投乱麻

◯ 快刀乱麻

鋭い刀でもつれた麻糸を断ち切るように、物事を鮮やかに解決することを「快刀乱麻を断つ」という。「快投乱麻」は、この言葉をもじった表現である。

その危険性は**いやがうえにも**増えた

✕ 否が上にも

◯ 弥が上にも

「弥」は「ますます」の意味を表す。「弥が上にも」のほかに「弥増す」などがある。「いや」のつく言葉に「いやおうなし」「いやでもおうでも」があるが、こちらは「否」と書く。

討ち取った武将の**くびじっけん**が行われる

× 首実験

○ 首実検

昔は写真などという便利なものがないから、討ち取った武将が誰であるかは実物の生首で確認するしか方法がなかった。これを「首実検」という。「実検」は「本当かどうかを実際に確かめる」という意味。

ごたぶんに洩《も》れず、彼も賭《か》け事が好きらしい

× 御多聞

○ 御多分

「噂どおりの」の意味だと思って「御多聞」と書くのは間違い。「御多分に洩れず」が正しい。「多分」とは「大部分」の意味で、「ほかの多くの例と同様に」という意味である。

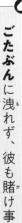

あいつはグループにとって**ししんちゅう**の虫だ

× 獅子心中

○ 獅子身中

内部にいながら、その組織などに害を与える者を、獅子の体の中に寄生する虫にたとえて、「獅子身中の虫」という。元来は仏教の言葉で、仏徒でありながら仏法に害をなす者を指した。

金メダリストが秋の**えんゆうかい**に招かれた

× 宴遊会

○ 園遊会

「園遊会」は、庭園に演芸場や模擬店を設けて、客を招いてもてなす祝宴のこと。現在では、天皇皇后両陛下主催のものが有名。春と秋の二回、政界・経済界・スポーツ界・芸能界などから、約二千人の著名人が招待される。

そんな**やろうじだい**な考えは改めたほうがいい

× 野郎自大

○ 夜郎自大

自分の力量を知らず、仲間うちでいばる者を「夜郎自大」という。漢の時代、西南部の夜郎という部族は、漢の強大さを知らず、自らを大国であると誇り、漢の使者に対して尊大な態度で接したという故事に由来する。

いきせききって駆けつける

× 息咳《せき》切って

○ 息急《せ》き切って

「息急き切る」は、非常に急いで息を弾ませることをいう。「急き」は「急く（急ぐ）」の変化した形。これに「咳」をあてるのは誤りである。

容疑者が**もくひけん**を行使する

× 黙否権

○ 黙秘権

自分に不利益な供述を拒否できる権利のことで、日本国憲法により全国民に保障されている。「犯罪を否定する権利」の意味ではないので「黙否」とはならない。「黙秘」は「言わずに黙り通すこと」の意味である。

ごせいちょうありがとうございました

× ご静聴

○ ご清聴

「清聴」は他人が自分の話を聴いてくれることを敬っていう言葉。一方、「静聴」は「静かに聴く」の意味だ。したがって「ご静聴ありがとうございます」などとはいわない。

政治と経済の動きが**き**を一にする

× 期

○ 軌

「軌」とは「わだち」の意味。「わだちを同じくする」の意味から、行き方が同じであることを「軌を一にする」という。ちなみに「一にする」は「いちにする」ではなく「いつにする」と読む。この点も間違いやすいので注意が必要だ。

ごうきぼくとつ仁《じん》に近し

△ 剛毅朴訥

○ 剛毅木訥

「剛毅木訥仁に近し」とは、「意志が強く、口数の少ない飾り気のない人は、道徳の理想とする『仁』に近い」という意味。「木訥」は「朴訥《ぼくとつ》」と同じ意味だが、原典の「論語」に従って「木訥」と書くのが本来の表記。

きもいり

× 肝入り

○ 肝煎り

元来「世話人」を指す言葉で、ここから「斡旋《あっせん》すること」の意味になった。

やくたいもない

× 厄体もない

○ 益体もない

「益体もない」で「何の役にも立たない」の意味。

あおうまのせちえ

× 青馬の節会

○ 白馬の節会

古代朝廷の年中行事の一つ。正月七日、天皇が白馬を見た後、宴《うたげ》を催《もよお》す。

ひだち

× 日立ち

○ 肥立ち

お産や病気の後に回復すること。「産後の肥立ち」などと使う。

たいかなく

× 大禍なく

○ 大過なく

「過」は「あやまち」の意。大した失敗もなく過ごすことをいう。

しゅうはをおくる

× 愁波を送る

○ 秋波を送る

「秋波」とは「女性の色っぽい目つき」のこと。「愁《うれ》い」の意味ではない。

うしろだて

× 後ろ立て

○ 後ろ盾

元来は「後ろを守る盾《たて》」の意味で、背後で守ってくれる人のことをいう。

うるさがた

× うるさ方

○ うるさ型

何かと口やかましく言う人のことをいう。

がかい

× 瓦壊

○ 瓦解

かわらががらがらと崩れるように、一部の崩れから全体が崩れること。

ふどうひょう

× 不動票

○ 浮動票

どこに投票するかわからない票のこと。「動かない票」は「固定票」。

言《げん》をまたない

× 言を待たない

○ 言を俟たない

「あらためて言うまでもない」の意味。「俟《ま》つ」は「期待する」の意。

たかをくくる

× 多寡を括る

○ 高を括る

「物事の程度を低く見る」の意。「高」は「高が知れている」と同様。

こうせいおそるべし

× 後世畏るべし

○ 後生畏るべし

若者に対して、「後々どんな大物になるかわからない」の意味で使う。

きいたふう

× 効いた風

○ 利いた風

いかにもわかっているかのような生意気な態度をとるさま。

くにやぶれてさんがあり

× 国敗れて山河在り

○ 国破れて山河在り

杜甫《とほ》の有名な詩「春望」の冒頭の句。「破れて」は「滅びて」の意味。

げきやく

× 激薬

○ 劇薬

使用量を誤ると生命を脅かす危険性のある薬物。

慣用句やことわざを間違って覚えていませんか？

警察はその事件について、□調べ上げた

△ 微に入《い》り細にわたって

◎ 微に入り細を穿《うが》って

極めて細かいことまで気を配ること。「微に入り細に入り」「微に入り細にわたる」なども辞書によっては載せているが、本来は「微に入り細を穿つ」が正しい。

まったく泣く子と□には勝てないなあ

× 地蔵

◎ 地頭

道理の通らない相手には勝ち目がないという意味のことわざ。「地頭」とは、昔、荘園を管理して税を徴収した者のこと。地頭の横暴さにかけて、泣く子の聞き分けのなさを表現したもの。

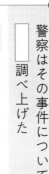

□ように部員が辞めてしまった

✕ 櫛《くし》の歯が抜けた

○ 櫛の歯が欠けた

櫛の歯は「欠ける」ことはあっても「抜ける」ことはない。本来そろっているべきものが所々で欠けていることを表す慣用句である。

今日は引っ越しで、□大騒ぎだった

✕ 上へ下への

○ 上を下への

「上を下への大騒ぎ」の「上を下へ」とは、「本来上にあるべきものを下にする」という意味。つまり、収拾のつかないほどの混乱ぶりを表す。

何が何やらわけがわからず、[ ]ような思いだ

× 狐につつまれた

○ 狐につままれた

「つままれる」が正しい。「つままれる」は「つまむ」の受け身の形。「狐につままれる」は、「狐に化かされた時のように、わけがわからず呆然とするさまを表す。

売れない劇団員の彼は、[ ]洗うがごとき生活を送っている

× 清貧《せいひん》

○ 赤貧《せきひん》

「赤貧洗うがごとし」は、「洗い流して何もなくなったかのような極端な貧乏」の意味。「赤貧」の「赤」の字には「何もない」の意味がある。「清貧」は、富を求めず、清い生き方をすること。

あの二人、どうやら［　］に火がついたようだ

× やけぼっくり

○ やけぼっくい

「やけぼっくい」とは、「焼け棒杭《ぼうくい》」のことで、「燃えさしの切り株」の意味。燃えさしの木は火がつきやすく、それはあたかも、一度別れた男女に再び恋の炎が点火しやすいのと同様というわけ。

彼は一見、［　］おとなしい人だ

× 虫も殺せぬ

○ 虫も殺さぬ

「虫も殺さぬ」は、見かけがたいへんおとなしいことを意味する。ただし、本当におとなしいことを表すのではなく、「虫も殺さぬ顔をして……」と使うこともある。

彼はその店がたいそう気に入ったらしく、［　　］通うようになった

✕ 三日にあけず

○ 三日にあげず

「三日にあげず」は「三日の間もおかずに」「ほとんど毎日のように」という意味の言葉。「あげず」は「間をおかず」という意味で、「間を空けない」の意味の「空けず」ではないので注意。

［　　］景色に感激する

✕ 絵に描いた餅《もち》のような

○ 絵に描いたような

「絵に描いた餅」は、実際に食べることができないことから、「役に立たないもの」を指す。景色の素晴らしさを表現するなら、「餅」は余計で、「絵に描いたような景色」とするのが正しい。

この優勝は□努力の賜物にほかならない

× たえまざる　○ たゆまざる

「たゆまざる」は「弛まざる」と書く。「(努力などを)怠らない」の意味。「たゆまぬ」ともいう。「たえまざる」は、あえて漢字で書くとすると「絶え間ざる」となるのだろうが、これだと「絶え間なき」とならなければならない。

前回の失敗の雪辱を□と意気込む

× すすごう　○ 果たそう

「雪辱」とは「恥をすすいで名誉を取り戻す」こと。「雪」には「すすぐ」の意味があるので、「雪辱をすすぐ」では意味が重複してしまい、正しいとはいえない。「屈辱をすすぐ」などとすべきだろう。

舌の□の乾かぬうちに

× 先

○ 根

すぐに前言を翻《ひるがえ》すさまをいう慣用句。

二の舞を□

△ 踏む

○ 演ずる

「前の人と同じ失敗を繰り返す」という意味。「二の舞を踏む」を許容する向きもある。

□鳥跡を濁さず

△ 飛ぶ

○ 立つ

本来は「立つ鳥」だが、最近では「飛ぶ鳥」を許容する向きもある。

まな板の上の□

× 鯛《たい》

○ 鯉《こい》

「まな板の鯉」ともいう。相手のなすがままになるしかない様子を表す。

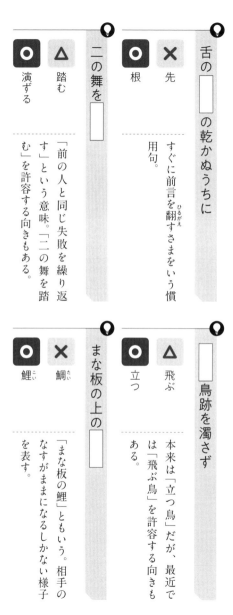

奴には目にもの□

× 言わせてやる

○ 見せてやる

「目にもの言わす」は「目で気持ちを伝える」こと。この場合は「目にもの見せる」。

汚名を□する

× 挽回

○ 返上

「汚名」は「返上する」「すすぐ」ものであって、「挽回する」ものではない。

疑心暗鬼を□

× 持つ

○ 生《しょう》ず

疑い出すとすべてが疑わしくなり、信じられなくなること。

人の振る舞いが□に据えかねる

× 肝

○ 腹

怒りを抑えきれないの意味。「肝が据わる」との混同に注意。

□に陽に援助する

✕ 暗

○ 陰

「かげになりひなたになり」の意味。「陽」に対応する語は「陰」である。

□腹をさぐられる

✕ 痛い

○ 痛くもない

やましいところがないのに嫌疑をかけられること。

予防線を□

✕ 引く

○ 張る

相手の攻撃に備えてあらかじめ手を打っておくこと。

前轍《ぜんてつ》を□

✕ 繰り返さない

○ 踏まない

「前轍を踏む」で「前の者と同じ過ちを繰り返す」の意味を表す。

相手の揚げ足を□

× すくう

○ 取る

人の言葉尻をとらえて批判すること。「揚げ足」は、柔道などの宙に浮いた足のこと。

偉そうに御託《ごたく》を□

× 言う

○ 並べる

「偉そうなことをくだくだと並べ立てる」意。「御託」は「御託宣《せん》」のこと。

よかれ□

× 悪かれ

○ 悪《あ》しかれ

「よかれ」は文語なので続く言葉も「あしかれ」と文語にすべき。

□にかなった政策

× 時期

○ 時宜《じぎ》

何かをするのにちょうどよい頃合いであることを「時宜にかなう」という。

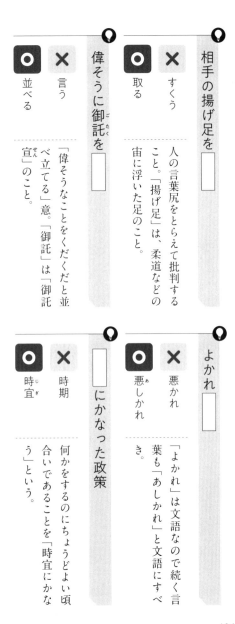

間《ま》尺《しゃく》に□仕事だ

× 合う

○ 合わない

普通、否定形で使って「割に合わない」の意味を表す。

宿敵に一泡□

× 食わせる

○ 吹かせる

「一泡」は「吹かせる」もの。「食わせる」のは「一杯」であろう。

人の噂も□

× 四十五日

○ 七十五日

「七十五日」と「四十五日」の音が似ているが混同に注意。

とうとう馬脚を□

× 出した

○ 現した

芝居で馬の脚役がうっかり姿を見せてしまうことから、「正体を現す」の意。

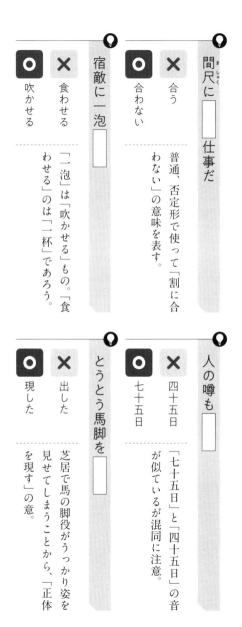

□に誓って私は無実だ

× 天地天命

○ 天地神明《しんめい》

「神明」は「神」の意。一方「天命」は「天の命令」の意味。

その意見は正鵠《せいこく》を□

× 得ている

○ 射ている

「正鵠」は「的の真ん中にある黒い丸」のことなので、「射る」が正しい。

□で砂をかける

× 後ろ足

○ 後足《あとあし》

「後足で砂をかける」は去りぎわに迷惑をかけること。

売り上げの上前《うわまえ》を□

× かすめる

○ はねる

「撥《は》ねる」はお金の一部をかすめとること。「ピンはねをする」ともいう。

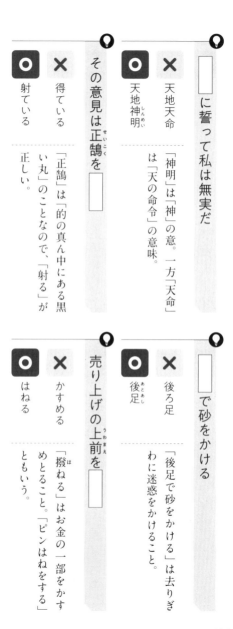

□の宝刀を抜く

× 天下

○ 伝家

「伝家の宝刀」とは家に伝わる大切な刀のこと。転じて「奥の手」のこと。

□を貸して母屋《おもや》を取られる

× 軒

○ 庇《ひさし》

一部を貸したために、全体まで奪われてしまうこと。

今後の予定を念頭に□

× 入れる

○ 置く

「念頭に置く」が正しい。最近は「念頭に入れる」も許容の向きがある。

彼のことなど洟《はな》も□

× かけない

○ ひっかけない

「洟もひっかけない」で、全く相手にしないこと。

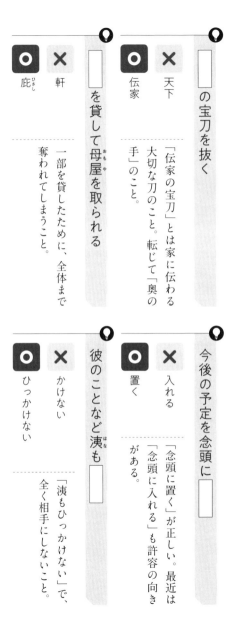

歯に□着せぬ

× 服

○ 衣

思ったことをズバズバと言うさま。「衣」は「ころも」ではなく「きぬ」と読む。

骨身を□思いで働く

× やつす

○ 削る

「骨身」は「削る」もの。「やつす」のは「身」。

素人だと思い高飛車《たかびしゃ》に□

× 来る

○ 出る

「高飛車に出る」で、高圧的な態度で人に応対すること。

□なく過ちを繰り返す

× 証拠にも

○ 性懲りも

「懲りもせずに」の意味なので「性懲りもなく過ちを繰り返す」が正しい。

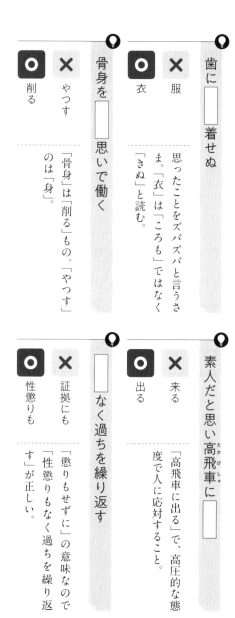

三十にして□

× 惑わず

○ 立つ

「論語」の言葉。「三十歳で自立する」の意。「惑わず」は「四十」。

ダメ社員に□を渡す

× 印籠《いんろう》

○ 引導

僧が死者に成仏するよう説くことから、最終的な宣告をしてあきらめさせること。

□をはぐように回復する

× 薄皮

○ 薄紙

徐々に病気がよくなるさま。「薄皮のむけたよう」は肌が白く美しいさま。

濡《ぬ》れ手□粟《あわ》

× に

○ で

あまり努力せず多くの利益を得ることを「濡れ手で粟(をつかむ)」という。

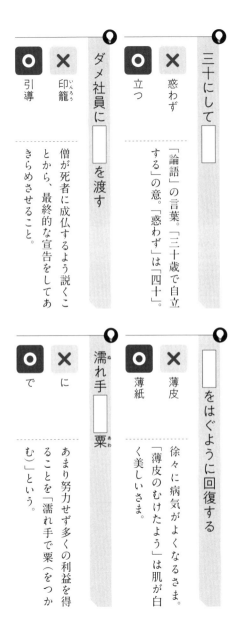

枯れ木も□のにぎわい

× 花

○ 山

枯れ木も山の一部をなすことから、「つまらないものでもないよりはまし」の意。

上手《じょうず》□手から水が漏れる

× な

○ の

「上手」は「技術が優れた人」。どんなに技術が優れた人でも失敗することもあるという意味。

新事業に先鞭《せんべん》を□

× 打つ

○ つける

「先鞭をつける」で、人に先んじて物事を行うことをいう。

クラスの男子にそっぽを□

× 向ける

○ 向く

「そっぽ」は「よそのほう」の意。

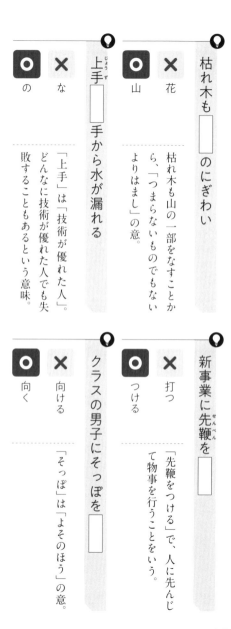

第3章

スマートに使いこなしたい

同音異義語・同訓異字を間違っていませんか？

北北西に**しんろ**をとる

△ 進路

◎ 針路

「進路」は進む方向のこと。移動手段の進行方向だけではなく、人間が人生において進む方向なども意味する。「針路」は船や飛行機の進む道で、「針」は羅針盤の針のこと。

人質を**かいほう**する

× 開放

◎ 解放

「開放」は窓や戸などの開閉するものを開けること。「開け放つ」の漢語的な表現。また、制限をなくすこと。「施設の開放」「市場の開放」など。「解放」は束縛や圧迫を取り除くこと。「解き放つ」の漢語的な表現。

きょうどう組合

× 共同　○ 協同

「共同」は「共同募金」「共同生活」など、何らかの行動や所有などを他者と一緒にするという文脈で使われる。

「協同」は何らかの行動や所有などを他者と助け合いながらするという文脈で使われる。

万全のたいせいで臨む

× 体制　○ 態勢

「体制」は生物の身体の仕組みや国家や社会などの組織の仕組みのこと。「独裁体制」「戦時体制」など。

「態勢」は何らかの出来事や状況に備えた身構えや状態のこと。「増産態勢」「協力態勢」のように使う。

二人の性格は**たいしょう**的だ

✕ 対象　○ 対照

「対象」は行為・活動・心情などが向けられる相手のこと。「対照」は二つの何かの違いが際立っていること。または対比すること。ほかに「互いに対応してつり合うこと」という意味の「対称」も覚えておく。

きせい品を買う

✕ 既成　○ 既製

「既成」はすでに存在していること。あるいは、すでに世間に知られていること。「既成政党」「既成事実」など。

「既製」はすでに製品としてできあがっているもののこと。注文で作られたものの反対。

海外**しこう**が強い

× 指向　○ 志向

「指向」はある一定の方向に向かうこと。「指向性アンテナ」など。

「志向」はこころざして何かに向かうこと。「ブランド志向」「芸術家を志向する」など。

親に恋人を**ショウカイ**する

× 照会　○ 紹介

「照会」は問い合わせること。「新しい顧客の身分を照会する」「製造元に照会する」など。

「紹介」はある人をほかの人に引き合わせたり、未知の物事を広く知らせること。「新製品の紹介」など。

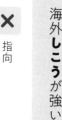

国境を**おかす**

× 冒す　　○ 侵す

「冒す」は何か危険や不都合のあることをあえて行うことを意味する。「危険を冒す」など。

「侵す」は入ってはいけないところに入ったり、触れてはならないものに触れたりすることを意味する。「プライバシーを侵す」など。ちなみに「犯す」は法律や規則などの定めを破ることをいう。

出費を**おさえる**

× 押さえる　　○ 抑える

「抑える」は勢いを止めるという意味。「怒りを抑える」など。
「押さえる」は動きを封じるという意味。「重しで押さえる」など。

税金を**おさめる**

× 収める　　○ 納める

「収める」は物事を取り込んだり収拾をつけたりすること。「財布をポケットに収める」「事態を丸く収める」など。

「納める」は受け取り手に渡したり入れるべきところに入れたりすること。「発注元に品物を納める」など。

自身の行為を**かえりみる**

× 顧みる　　○ 省みる

「顧みる」は首を回して左右や後ろを見る。ふりかえることを意味する。「背後を顧みる」「過去を顧みる」など。

「省みる」はもとに戻ってじっと考え、反省することを意味する。

職に**つく**

× 着く　○ 就く

「着く」は目的のところまで行って、そこにいること。「席に着く」「荷物が着く」など。

「就く」は、①職務上の地位に身を置くこと。「任に就く」など。②ある状態になること。そこに行って教えに従うこと。「緒《しょ》に就く」「先生に就いて学ぶ」など。

議長を**つとめる**

× 勤める　○ 務める

「勤める」は雇われて、そこで働くという意味。「市役所に勤める」「勤め先」など。
「務める」は与えられた役割をこなすという意味。「主役を務める」など。
また、がんばるという意味の「努める」も覚えておこう。

裁判所に**いぎ**を申し立てる

× 異義
○ 異議

「異義」は異なった意味のこと。「異議」は他人の意見・見解・決定などに対する反対のこと。

いしの疎通

△ 意志
○ 意思

「意志」は決意や決心のような強く積極的な思いのこと。「意思」は単なる思いや一般的な考えのこと。

支店に**いどう**になる

× 移動
○ 異動

「移動」は物事が物理的に移り動くこと。「異動」は勤務先や地位などが変わること。

彼の**こうい**に感謝する

× 好意
○ 厚意

「好意」は特定の相手を好きだと思う気持ち。「厚意」は「厚い思いやりや親切心」。

緊急事態に**そくだん**を下す

× 速断　◎ 即断

「速断」は素早く判断すること。あるいは急いだために軽率な誤った判断をしてしまうこと。「速断の失敗を犯す」「速断を戒める」「速断を避ける」など。

「即断」はその場で素早く判断すること。「即断即決」など。

会費を**ちょうしゅう**する

× 徴集　◎ 徴収

「徴集」は特別な目的のために、強制的に人材や物資などを集めること。「戦争のために人馬を徴集する」「土木工事の作業員を徴集する」など。

「徴収」は何らかの目的のために、主として金銭を出させること。

とくちょうのある歩き方

△ 特長　◎ 特徴

「特長」はある物事がほかの物事よりも特に優れているところ。美点のこと。「あの人の特長は寛大なところだ」など。

「特徴」はある物事がほかの物事と比べて特に際立っているところ。特色のことで、必ずしも美点ではない。

失敗の責任をついきゅうする

× 追求　◎ 追及

「追求」は目的の何かを手に入れるために、さまざまな手段を尽くしていくこと。「幸福を追求する」など。

「追及」は責任や欠点などを問いただすこと。

なお、「わからないことがわかるようになるまで、とことん研究すること」の意の「追究」も紛らわしいので注意。「神の摂理を追究する」など。

品質を**ほしょう**する

× 保障

○ 保証

「保障」は悪い状態にならないように守ると請け合うこと。「日米安全保障条約」など。「保証」は間違いのないことを請け合うこと。「保証人」「品質保証」など。

ちなみに「補償」は与えた損害を償うこと。

指揮を**とる**

× 取る

○ 執る

「執る」は主に仕事をするという意味で使われる。「取る」は主に手に持つという意味で使われる。

社員を**とる**

× 獲る

○ 採る

「採る」は主に採集や採用の意味で、「獲る」は漁や猟で獲物を捕まえるという意味で使われる。

面積をはかる

× 量る

○ 測る

「測る」は物事の大小や長短を把握すること。「量る」は重さや容積などを把握すること。

時間をはかる

× 測る

○ 計る

主として時間を把握するときには「計る」を使う。

解決をはかる

× 謀る

○ 図る

「謀る」は悪知恵を働かせてよからぬことを企《たくら》むこと。「図る」は何かを企《くわだ》てること。

推しはかる

× 計る

○ 量る

「計る」は先々のことを考えること。「量る」は目に見えない事柄について考えをめぐらせること。

いがい

［以外］　それを除いたほかのもの。「関係者以外立入禁止」「あなた以外の誰か」

［意外］　思ってもいなかったという意味。思いの外。予想外。「意外な事実」「意外に暖かい」

かんしん

［関心］　興味のこと。「異性に関心を持つ」

［感心］　心に深く感じること。「友人の立派な態度に感心する」

［歓心］　喜ぶ気持ちのこと。「プレゼントで彼女の歓心を買う」

しょせん

［緒戦］　戦いの始まった最初の頃のこと。トーナメント形式の大会では、一回戦や二回戦などが該当する。

「緒戦は楽に勝ち進んだ」

［初戦］　初めての戦いのこと。トーナメント形式の大会では、一回戦のみが該当する。

「初戦を勝利で飾った」

あう

［合う］　一緒になる・一致する・調和するといった意味を表す。

「意見が合う」「気が合う」「服の大きさが合う」

［会う］　人間同士が予定を立てて集まることを意味する。「友人に会いに行く」

［遭う］　好ましくない事態に行きあうことをいう。「にわか雨に遭う」「事故に遭う」

あてる

［当てる］　接触することや的中することを含む広い意味で用いられる。
「肘を当てる」「答えを当てる」

［充てる］　お金や人材などの用途を決めるという意味を持つ。
「生活費に充てる」
「彼の後任には新人を充てる」

あらわす

［表す］　何かが表面に出ることを広く意味する。
「不満を顔に表す」

［現す］　隠れていたものが目に見えるようになることを意味する。
「犯人が姿を現す」

［著す］　書物を書いて世に出すこと。
「自叙伝を著す」

たつ

［絶つ］　絶える・途中で切れる・やめるという意味で使われる。
「親子の縁を絶つ」「消息を絶つ」

［断つ］　打ち切る・分断するという意味で用いられる。
「酒を断つ」「未練を断つ」

［裁つ］　主として布や紙を切ることを意味する。
「生地を裁つ」

あげる

［上げる］　下から上へと移動させることについて広く使われる。
「布団を上げる」

［挙げる］　よくわかるように明らかにすること。事を起こすこと。
「手を挙げる」「兵を挙げる」

［揚げる］　地上から空中に、水中から地上にあげること。
「凧を揚げる」「国旗を揚げる」

のびる

〔伸びる〕　物質的なものが長くなること。あるいは向上すること。

「背が伸びる」「学力が伸びる」

〔延びる〕　時間的に長くなること。あるいは先送りになること。

「試合時間が延びる」

「雨で出発が延びる」

はやい

〔早い〕　主として時間や時刻に関して使われる。

「時期が早い」「気が早い」

〔速い〕　主として速度に関して使われる。

「足が速い」「テンポが速い」

まざる

［交ざる］ 溶け合わずそれぞれが判別できるままで入り乱れること。

「日本語と英語とが交じった文章」「男女が入り交じる」

［混ざる］ 溶け合ってそれぞれが判別できない状態になること。

「絵の具が混ざる」

「雑音が混ざる」

まわり

［回り］ 主として巡回や回転を意味する。

「得意先回り」「回り道」

「目が回る」

［周り］ 主として物事の周囲や外側を意味する。

「池の周り」「周りの視線」

はじめ

［始め］　物事の開始点。
「仕事始め」

［初め］　最初。
「夏の初め」

きく

［効く］　何かが効果を示すことを意味する。
「薬が効く」「暖房が効く」

［利く］　何かが思いどおりになったり役に立ったりすることを意味する。
「無理が利く」「顔が利く」

あらい

［荒い］ 勢いが激しい。乱れている。
「海が荒い」「気が荒い」

［粗い］ 細かくない。大雑把。
「編み目が粗い」「仕事が粗い」

ちょっかん

［直感］ 瞬間的・感覚的な知覚。
「危険を直感する」「女の直感」

［直観］ 推察などを加えずに直接的に物事の本質を理解すること。
「真理を直観する」「直観的な判断」

ふだん書き間違えていませんか？

うけたまわる

△ 受け賜る

○ 承る

飲食店で「ご宴会・ご予約を受け賜ります」などと使われることがあるが、「賜る」は目上の人から何かをいただくという意味の言葉で、「承る」には「受け賜る」の意味がある。

かちかん

× 価値感

○ 価値観

「観」という漢字は、「人生観」「世界観」など、物事の見方や考え方を意味する。一方、「感」という漢字は、「安心感」「正義感」「満足感」などと使われ、気持ちを意味する。「カチカン」が価値についての気持ちではおかしい。

たまご

△ 玉子

○ 卵

「玉子」は日本人が考えた当て字。料理関係では「玉子豆腐」「玉子丼」などの表記が定着しているが、卵そのもののことは「卵」と書く。

さいしょうげん

× 最少限

○ 最小限

「サイショウゲン」の対義語は「サイダイゲン」。その「サイダイゲン」は「最大限」と書くので、「サイショウゲン」は「最小限」でなくてはおかしい。「大」の反対は「小」。「少」の反対は「多」である。

しゅくしょう

✕ 縮少　〇 縮小

これも「最小限」と同じ理屈で「縮小」が正しい。「シュクショウ」の対義語は「カクダイ」だが、「カクダイ」の漢字表記は「拡大」。そして、「拡大」の「大」の反対は「少」ではなく「小」であるから、「シュクショウ」は「縮小」と書くことになる。

けいそつ

✕ 軽卒　〇 軽率

「率」は「軽はずみな」という意味を持ち、「軽率」で「軽はずみなさま」という意味になる。一方、「卒」は「下級兵士」を意味するため、「軽卒」では「軽装の下級兵士」という意味になってしまう。

しょう乳洞

✕ 鐘　○ 鍾

「鐘」は叩《たた》くと音が出る鐘のこと。寺や教会などで見かける釣り鐘など。大晦日に鳴らすのが「除夜の鐘」。

「鍾」は酒を入れる壺《つぼ》のこと。「鍾乳」は釣り鐘の表面の突起を意味する。

元気溌《はつ》**らつ**

✕ 刺　○ 剌

「刺」の音読みは「シ」で、訓読みは「さ（す）」。突き刺すことを意味する。「名刺」「刺殺」「刺客」など。

「剌」は元気よくとびはねることを意味する。

派けん会社に登録する

× 遺　○ 遣

「遺」の音読みは「イ」「ユイ」で、訓読みは「のこ（す）」「うしな（う）」。死んだ後や立ち去った後などに何かを置いていくこと。「遺産」など。

「遣」の音読みは「ケン」で、訓読みは「つか（う）」「つか（わす）」。使いにやることや消費すること。「小遣い」など。

貝がらを拾う

× 穀　○ 殻

「穀」の音読みは「コク」で、広く穀物を意味する。「米穀」「雑穀」など。

「殻」の音読みは「カク」で、訓読みは「から」。かたい外皮、物を覆っているもののこと。「地殻」「甲殻類」など。

神を**すう**拝する

× 祟　○ 崇

「祟」の音読みは「スイ」で、訓読みは「たた(り)」「たた(る)」。「出」と「示」とが合わさった漢字で、神仏が下す災《わざわ》いを意味する。「神の祟り」など。

「崇」の音読みは「スウ」で、訓読みは「あが(める)」「たっと(ぶ)」「たか(い)」。高い山を意味する。「崇高な精神」「尊崇する」など。

びん乏な生活

× 貪　○ 貧

「貪」の音読みは「ドン」「トン」「タン」で、訓読みは「むさぼ(る)」。ひどく物を欲しがることを意味する。「貪欲」など。

「貧」の音読みは「ヒン」「ビン」で、訓読みは「まず(しい)」。少ないことや足りないこと。「貧窮」「貧相」など。

送り仮名をちゃんとふれますか？

すくない

× 少い

○ 少ない

対義語の「多い」は「い」だけを送るが、「少ない」は「ない」を送り仮名とする。形容詞は活用語尾のみを送り仮名にするという原則の例外。

あがる

× 上る

○ 上がる

「上」という漢字を使う動詞には「あがる」のほかに「あげる」「のぼる」もあるため、「る」だけを送り仮名としたのでは、どれを意味しているのかがわからなくなってしまう。

あずかる

× 預る
○ 預かる

これも、「預」という漢字を使う動詞には「あずかる」と「あずける」とがあることから、「かる」を送り仮名とすることが決まっている。

かならず

× 必らず
○ 必ず

副詞には最後の音節を送り仮名にするという原則がある。この原則に従えば「かならず」は「必ず」となる。「足らず」「思わず」などとは事情が違うことに注意。もちろん、「かならずしも」も「必ずしも」と書くことになる。

おはなしする

× お話する

○ お話しする

「おはなしする」という場合の「はなし」の部分は、名詞の「はなし」ではなく、動詞の「はなす」の連用形。「はなす」という動詞は「話す」と書くので、「おはなしする」も「お話しする」が正しい。

おこなう

△ 行なう

○ 行う

常用漢字表では「行う」だが、「行なう」も許容されている。「行」は「いく」という動詞にも使われるが、「おこなった」「いった」はいずれも「行った」になって区別できない。そこで「行なう」という送り仮名も許容されることになった。

あぶない

× 危い

○ 危ない

「危」は「あやうい」という形容詞にも使われるが、形容詞の送り仮名の原則に従って「あぶない」「あやうい」の送り仮名を「い」だけにしてしまうと、「危い」がどちらなのか、わからなくなってしまう。そこで、例外として「危ない」「危うい」になった。

あたらしい

× 新らしい

○ 新しい

「しい」で終わる形容詞は「しい」を送り仮名にするのが一般的。

かりに

× 仮りに

○ 仮に

「仮」という漢字はこれ一字で「かり」と訓読みするので「り」は不要。

正しい敬語に言い換えられますか？

「考えてみてください」

× ご検討されてください。

○ ご検討ください。

尊敬表現のつもりでも「〜されてください」はしつこく、かえって失礼になる。

「社長は出社しますか」

× 社長はおいでになられますか。

○ 社長はおいでになりますか。

「来る」の尊敬表現は「おいでになる」で十分。「れる」は余計。

「西田さんですか」

× 西田様でございますか。

○ 西田様でいらっしゃいますか。

自己紹介なら「西田でございます」でもかまわない。

「許してください」

× ご容赦してください。

○ ご容赦ください。

「ご容赦ください」で十分。「ご〜してください」はおかしい。

（社員同士で）「社長が来ました」

× 社長がお越されます。

○ 社長がお越しです。

「お越しです」は「来た」という意味の尊敬表現。

「私は知りません」

× 私はご存じありません。

○ 私は存じません。

「ご存じありません」は尊敬表現。自分には使わない。

「受付で聞いてください」

× 受付で伺ってください。

○ 受付でお聞きください。

「伺う」は謙譲語。目上の人に聞くのが「伺う」。

「わかりました」

× 了解なさいました。

○ 了解いたしました。

「なさる」は尊敬語。自分の動作や行為に尊敬語は使わない。

「読んでください」

× ご拝読くださいませ。

○ ご一読くださいませ。

「拝読」は謙譲語。目上の人の書いた本や手紙を読むのが「拝読」。

「もう乗れませんよ」

× ご乗車できません。

○ ご乗車になれません。

「ご～できる」「お～できる」は尊敬表現にならない。

「書いてください」

× お書きしてください。

〇 お書きください。

こちらが相手のために書く場合にのみ「お書きする」と表現する。

「食べてください」

× どうぞ頂戴してください。

〇 どうぞ召し上がってください。

「頂戴する」は謙譲語。相手の動作や行為に謙譲語を使わないように。

「社長は出張に行った」

× 社長は出張にお行きになった。

〇 社長は出張に行かれた。

「お行きになる」という言い回しは日本語として正しくない。

「助けてください」

× お力になってください。

〇 お力を貸してください。

「力になる」という言い回しはあるが、これに「お」はつけない。

「名前は知っています」

× お名前はご存じです。

○ お名前は存じ上げています。

「ご存じ」では自分に対する敬意を表すことになる。「存じ上げる」はこちらがへりくだることで相手に敬意を示す謙譲語だが、「ご存じ」は相手への敬意を示す尊敬語。

「次来るときに持ってきてください」

× 次回にでもご持参ください。

○ 次回にでもお持ちください。

「参」は「参る」なので「持参する」というのは、目上の人のところに何かを持っていくという謙譲語。「ご」をつけても相手に対する敬意を表すことにはならない。

「何でも言ってください」

× 何でも申し出てください。

○ 何でもおっしゃってください。

「おっしゃる」は尊敬語だが、「申し出る」は謙譲語。相手の動作に謙譲語を使ったのでは、相手への敬意を表すことはできない。

「ゴルフはやりますか？」

× ゴルフはいたしますか？

○ ゴルフをなさいますか？

尊敬語の「なさる」を使うのが正しい。「いたす」は謙譲語なので、「私はゴルフをいたします」のように自分について使う。くれぐれも他人に謙譲語を使わないように。

（社員同士で）「社長は『……』と言っています」

×
社長は「……」とおっしゃられています。

○
社長は「……」とおっしゃっています。

「おっしゃる」は「言う」の尊敬語なのでこれだけで十分。このうえに「れる」という尊敬語までつけるのは行きすぎ。過剰な敬語はかえって失礼にあたるので注意。

（お客様のところに）「すぐに行きます」

×
すぐにお越しになります。

○
すぐに伺います。

「お越しになる」は尊敬語。自分が行く場合には、謙譲語「伺う」を使う。自分が「お越しになる」ことはないので注意。

（課長の出張に同行するとき）「一緒に行きます」

×　私がご一緒します。

○　私がお供します。

課長に同行するということをへりくだって言う必要があるので、謙譲語の「お供する」が適切。「ご一緒する」は単なる丁寧語。同僚を相手にするならば、丁寧語でも十分。

（社長に対して）「部長の言った件ですが」

×　部長がおっしゃった件についてですが、……。

○　部長が申し上げた件についてですが、……。

尊敬語の「おっしゃる」は、目上の人が何かを言う場合に使う。一方、目上の人に、自分や自分の身内の者が何かを言う場合には、謙譲語の「申し上げる」を使う。ここは自分の上司が、さらに上の人に言う場合。

（部長に対して）「社長はこの件を知っていますか」

× 部長、社長はこの件を存じ上げているのでしょうか。

○ 部長、社長はこの件をご存じなのでしょうか。

「ご存じ」は尊敬語で「存じ上げる」は謙譲語。この場合は社長という目上の人が知っているかどうかが話題になっているので、尊敬語を使うのが正しい。

（社員同士で）「社長もそろそろ来るだろう」

× 社長もそろそろ参られるだろう。

○ 社長もそろそろいらっしゃるだろう。

「参られる」には謙譲語の「参る」と尊敬語の「れる」とが含まれるが、ここでの謙譲語の使用は不適切。「いらっしゃる」で問題ない。

部長が社長の意見を聞く

× 部長が社長のご意見をお聞きになる。

○ 部長が社長のご意見を伺う。

「お聞きになる」は尊敬語、「伺う」は謙譲語。部長がさらに目上の社長に意見を求めるのだから、ここでは謙譲語の「伺う」を使うのが正しい。

（部長に「課長はいるかね」と尋ねられて）「はい、います」

× はい、いらっしゃいます。

○ はい、おります。

直属の上司の課長は自分より目上だが、この場合は自分の身内とみなして、目上の人（部長）に対しては課長の動作や行為について尊敬語を使ったりはしない。敬意の含まれない「おる」を使う。

（課長が説明することを部長に対して）「課長が説明します」

×　課長がご説明になります。

〇　課長がご説明いたします。

課長が目上の部長に説明するのだから、謙譲語の「いたす」を使うのが正しい。「ご〜になる」は尊敬語。部長が課長に説明してくれるというなら、「ご説明になる」が正しい。

社長が呼んでいることを部長に伝える

×　部長、すぐに社長室に伺ってください。

〇　部長、すぐに社長室にいらしてください。

目上の人に話しているので、相手の動作には尊敬語を使う。社長は部長より目上だが、状況を共有していないので目の前の部長への敬意を優先させる。「いらし（て）」は尊敬語「いらっしゃる」が変化したもの。

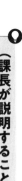

（受付としてお客様に対して）「あなたは誰ですか？」

× どなたでしょうか。

○ どちら様でしょうか。

「どなた」も「どちら様」も「誰」の尊敬表現だが、より丁寧でより適切なのは「どちら様」のほう。「どなた」を使うと少しぞんざいだと思われかねないので注意。

（受付としてお客様に）「誰を呼びますか？」

× どなたをお呼びしましょうか。

○ 誰をお呼びしましょうか。

会社の外部の人間と話をする中では、自社の社員に対する敬意を示すような表現は使わないのが鉄則。「どなた」は「誰」の尊敬表現なので、ここでは不適切。

（受付としてお客様に）「田中課長はすぐ来ます」

×
田中課長は
すぐに参ります。

○
田中はすぐに参ります。

「社長」「部長」「課長」といった役職名は敬称として扱われる。したがって、他社の人間の前では自社の社員を役職名をつけて呼ぶのはおかしい。

（取引先の受付で）「野口部長に会いたいのですが」

×
部長の野口様をお目にかけたいのですが。

○
部長の野口様にお目にかかりたいのですが。

「お目にかける」というのは、相手の会社の人に自社の誰かを引き合わせたり何かを見せたりするときに使う表現。自分が相手の会社の人に会うという意味になるのは「お目にかかる」。

（上司がいないとき、お客様に）「今日は社にいません」

✕ 本日は社にいらっしゃいません。

○ 本日は社におりません。

外部の人間の前で身内に敬意を表す表現を使わないようにする鉄則は徹底的に頭に叩《たた》き込んでおいたほうがいい。この種類の敬語の間違いは、非常に多く見られるからだ。

（受付として社員に）「野村さんという人が……」

✕ 野村様と申される方が……。

○ 野村様とおっしゃる方が……。

外部の人間に対してはその相手に敬意を表すような表現を使う。ここでは尊敬語の「おっしゃる」が適切。謙譲語の「申す」は不適切。尊敬語の「れる」をつけても、「申す」を使った時点で失礼。

お客様に通りがかった部長を紹介する

×　あちらが部長の小林です。

○　あれが部長の小林です。

ここでも、外部の人間の前で身内に敬意を表す表現を使わないという鉄則に従えばいい。社内の人間にお客様のことを教えるなら丁寧な「あちら」が正しい。

取引先で自社の社長について話す

×　うちの社長が……。

○　私どもの社長が……。

「うちの」というのは、「うち」に該当する自社の社員の間でのみ使うべき表現。一方、「私どもの社長」はややへりくだった表現であり、これなら外部の人を相手に使ってもおかしくない。

取引先で自社の社長の発言について話す

× 社長の玉本が言いますには……。

○ 社長の玉本が申しますには……。

「言う」は尊敬語でも謙譲語でもない普通の表現。身内に対する敬意を示さないという点では「言う」も合格だが、これでは相手に対する敬意が示せない。

取引先で自社の新製品を紹介する

× これがわが社の新製品です。

○ これが小社の新製品です。

自分の会社を「わが社」と言っては、相手に高圧的な印象を与えてしまう。社外の人間に対しては、「小社」「弊社」のようなへりくだった言い方をするのが適切である。

取引先で自社の製品について説明する

×　説明させていただきます。

○　説明いたします。

最近ではすっかり定着してしまった言い回しだが、本来、「〜させていただく」は慇懃《いんぎん》無礼《ぶれい》な表現とされていた。謙譲表現なら「いたす」を使えば十分である。

(取引先で)「感想を聞かせてください」

×　ご感想を伺わさせてください。

○　ご感想を伺わせてください。

使役の意味を表す助動詞「せる・させる」は、動詞が五段活用の場合は「せる」、上一段・下一段活用の場合は「させる」がつく。「伺う」は五段活用の動詞なので、「伺わ」＋「せる」。

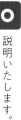

（取引先で）「ぜひ使ってください」

×
ぜひご利用していただきたいと思います。

○
ぜひご利用いただきたいと思います。

「使ってもらう」という意味の謙譲表現は、「ご利用いただく」あるいは「利用していただく」である。この二つをごっちゃにしないように気をつけたい。

（取引先で）「とんでもない」

×
とんでもございません。

○
とんでもないことです。

非常によく耳にする間違いの一つ。一生懸命に謙遜しているつもりなのだろうが、「とんでもない」を「とんでも」と「ない」に分けて使ってはいけない。「とんでもない」はこれで一単語。

※本書は、次の刊行物に加筆・修正を加えて再編集したものです。

◆『日本語力がアップする 国語常識問題450』（一校舎国語研究会・編）
◆『日本語力をさらに鍛え直す 国語常識問題450レベルアップ編』（一校舎国語研究会・編）
◆『「知らなかった」では恥をかく！ 間違いだらけの日本語』（一校舎国語研究会・編）
◆『正しいのは、どっち？ 語源の日本語帳』（岩淵匡・監修／一校舎国語研究会・編）
◆『きれいを磨く 美しい日本語帳』（道行めぐ／一校舎国語研究会・著）
◆『花空色の美しい日本語帳』（道行めぐ／一校舎国語研究会・著）
◆『歴史を変えた名言名句 エピソードでわかる「故事成語」』（一校舎国語研究会・編）
◆『絵で見てわかる ものの数え方の本』（一校舎国語研究会・編）
◆『すぐに使える！ 大人の語彙力』（一校舎語彙力向上研究会・編）

編者 一校舎語彙力向上研究会
(株式会社一校舎)

編集制作会社として学習教材の編集制作を行う一方、さまざまな研究会を立ち上げ、数多くの出版物を手がけている。
《一校舎ホームページ》https://www.ikkosha.com

本文デザイン　嘉生健一
校正　西進社
編集協力　大西華子

一目おかれる言葉選び
大人の語彙力

2020年2月10日第1刷 発行

編者　一校舎語彙力向上研究会
発行者　永岡純一
発行所　株式会社永岡書店
〒176-8518
東京都練馬区豊玉上1-7-14
電話(代表)03-3992-5155
(編集)03-3992-7191
DTP　センターメディア
印刷　誠宏印刷
製本　ヤマナカ製本

ISBN978-4-522-43795-7 C0076